複雑な仕事をシンプルに解決するための

「洞察力」の磨き方

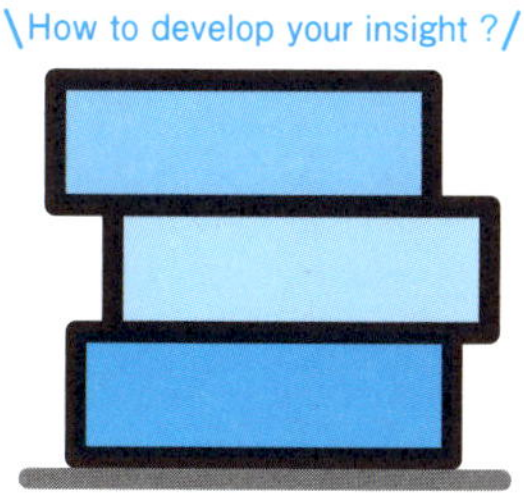

株式会社インバスケット研究所
代表取締役

鳥原隆志
Takashi Torihara

「見えないものを見抜く」仕事術

WAVE出版

はじめに

なぜ、仕事の解決策が「見えなくなってしまう」のか？

海外旅行から帰ってきた人はよく「世界が変わった」という言葉を口にします。

あなた自身も、海外旅行や、普段行かないところに行くと、いつも見ている風景が違って見えることがあるのではないでしょうか。

何かの刺激を受けると見える世界がガラッと変わるのは、新たな「視点」が加わるからです。私たちの目は、まるでカメラのピントを合わせる機能がついているように、いろいろな景色を思い通りに見ることができます。

しかし、時間的制約や重要な仕事へのプレッシャーといったストレスや恐怖、あるいは環境への慣れなどがあると、視点は徐々に減ってしまいます。まるで、テレビゲームに熱中しているかのように、視点はひとつに集中してしまい、周りも見えなくなってしまいますし、先も見えなくなってしまいます。

そのような状態に陥っている人の多くが、自分自身が狭い視点の中で仕事をし、生活をしていることに気づいていません。

私の研修には、そのような状態の方が多く来られます。そしてインバスケットというツールで、自分自身の行動を振り返り、ほかの方と討議することで、自分自身の行動の浅さに気づくのです。

▼問題を発見する「視点」を持つ

私の研修は、業界で一番つらくて、自信をなくす研修として有名です。

念のために申し上げておきますが、自信をなくすほど受講生をいたぶっているわけではありません。受講生自身が、できていない自分を見ることでショックを受け、自信をなくすわけです。

しかし、私はそれをよいことだと考えています。本当の姿を知ることこそが、成長へのスタートラインだからです。

そのような自信をなくした受講生でも、「あること」を知っただけで、アウトプットの質が劇的に高まります。

その「あること」とは「視点」です。いかに能力がある方も、判断力がある方も、誠実な方であっても、まず何が問題かを見つけることができないと、行動につながりません。行動につながらないということは、何もしていないのと同じなのです。

その「何が問題か」を見つける視点を持てるかどうかが、問題解決のカギとなるのです。

いかにプレゼンテーション能力やコミュニケーション能力などを習得しても、「視点」をひとつしか持たないのであれば、ごく限られた範囲しか見えていませんので、当然能力を活かすこともできないのです。

▼「視点」は多ければ多いほどいい

私たちは何かを決める際に、全体のある一部しか見ていません。

たとえば、仕事での約束をすっかり忘れてしまったとしましょう。「やってしまった」と思い、お詫びをして、再スケジュールを組む、このように行動される方は多いのではないでしょうか。

もちろんこのような行動は取らなければなりません。しかし、それだけだと表面的だと言わざるをえません。

失敗したという視点は表面的な視点といい、表面的な視点からは表面的な行動しか生まれず、何も残らない結果しか生まないからです。

「このことで何を失ったのか」「本当の原因は何か」「この先はどうなるのか」「自分は何をするべきなのか」など視点を変えれば、取るべき行動が変わってきます。

ぜひ本書を、「ストーリーの主人公が徐々に身につけていく視点を、自分も持っているのか」という視点でお読みいただければ幸いです。

２０１６年12月

鳥原　隆志

Contents

複雑な仕事をシンプルに解決するための
「洞察力」の磨き方

第2章 視点の「スイッチ」を切り替える

おわりに

装丁・本文デザイン　徳永裕美（ＩＳＳＨＩＫＩ）
校正　鷗来堂
ＤＴＰ　ＮＯＡＨ
編集協力　前田浩弥

第1章

「見えないもの」を見抜く

プロローグ

おれは桃谷大輔。みんなからは「ピーヤン」と呼ばれている。

今は東京の江戸園という小型遊園地を運営する企業の社員として勤務している。

担当は観覧車だ。多いときには一日1000人ほどをさばく。

おれはこの仕事を気に入っているのだが、どうも父親からは受けがよくない。「大学を卒業して観覧車の作業員だなんて、母さんが生きていたら泣いているぞ」と叱られた。

どうやら父は、おれの仕事を単純作業だと勘違いしている。


この仕事は父が思うように簡単ではない。機械操作を覚えるのはもちろん、とっさの判断と機転が必須だ。

観覧車は営業中、延々回り続ける。時間との戦いだ。

先日は、1周回ってきた観覧車から、男ひとりだけ降りて、女性が降りなかったことがあった。どうやら中で喧嘩をしたのだろう。そんなときも、短時間で説得して降ろさなければならない。

大変な仕事だが、おれは観覧車を待ち望む人のワクワクした顔、そして1周した後の満足した顔を見るのが大好きだった。

なぜ過去形か？　おれはこの仕事を辞め、実家の旅館を継ぐことになったのだ。

先週、父親が突然倒れた。あの父がまさかと思ったが、肺を患ったらしく、当面病院生活だそうだ。

おれの実家は東北の古い旅館「桃谷旅館」。歴史は200年続く虹色温泉の老舗旅館だ。

「お前に嫁ができたらこの旅館で結婚式を挙げなさい」

3年前に亡くなった母が遺した最後の言葉だ。

客室20。木造3階建ての旅館には、街が見下ろせる露天風呂がある。

友人は「温泉入り放題だからいいじゃない」などと気軽なことを言うが、それは旅館業を知らないやつが言う言葉だ。子供のころから見てきた旅館の仕事は、「休みはない」「寝られない」「人がいない」。よいところといえば、通勤がないことくらいのものだ。

でも、見舞いに行ったときに父の手を握って「任せておけ」なんて言ってしまった手前、この旅館をまずは経営しなければならない。いつかこの日が来るだろうと思っていたのだが、こんなに早く来るとは思わなかった。


桃谷旅館のある虹色温泉は、岩手県と秋田県の間にある。

かつては盛岡の奥座敷として栄えていたそうだが、今は「兵《つわもの》どもが夢のあと」。

あるのはうちの旅館と、川向いにある「紅林館」という旅館の2軒だけだ。

周りは廃墟のようなホテルや旅館の跡が立ち並ぶ。

正直、我々2軒も時間の問題だろう。うちと紅林館、どちらが早くつぶれるかと、街ではまことしやかに囁かれているらしい。


ちなみに、紅林館の社長はおれの同級生だ。

「紅林の子は頭がいいのに、あんたはぼんやりして」

子供のころ、いつも親に比較されていたほど、できる奴だ。

小学校、中学校まで一緒だったが、高校は東京の名門校に行き、国立大学を卒業。海外の大学にも留学していたとか……経営の勉強をしていたらしい。

紅林館も、あいつが経営を継いでから、リニューアルして高級路線を走っている。たしか、１泊１人３万円だとか。

まあ、おれから言わせれば、カビだらけの壁にきれいなクロスを張っただけの張りぼてに、よくこれだけ金を出すものだとあきれている。もっとも、そのレトロ感が都会の人たちには受けていて、悔しいがうちより客入りがいいようだが……。

一方、うちの旅館はといえば、看板さえなければ大きな古民家と思われるような造りだ。玄関から突き出した屋根と周りの壁がなぜか煉瓦造り。無理して洋風をアピールしているが、その姿はまるで「田舎者が精いっぱい頑張っている」感がたっぷりだ。

「帰ってくれ」

おれが旅館の駐車場に到着し、運転席から降りると聞こえてきた第一声だ。

あれは爺。金ヶ崎五郎といい、うちの旅館の番頭だ。

若い男女と口論している。

女性がかなりお怒りムードで、車へそそくさと乗りこむ。

男はおどおどしながらも女性の後をついていく。

「爺、どうしたの？」

おれは爺に声をかける。

「おお、若旦那、おかえりなさいまし」

爺はおれに頭を下げた。

「あのお客さん、何を怒っていたの」

「若旦那、あれは客じゃねえ。携帯の電波が入らないだとか、虫が多いだとか……まったく、桃谷旅館をちっともわかっておらん」

「でも、お客さんでしょ？　怒らせるとまずいですよ」

「若旦那、わしらはこうやってこの旅館の暖簾《のれん》を守ってきたんじゃ。いい客はいい客を連れてくる、悪い客は悪い客を連れてくるんじゃ」

おれはため息をついた。父親そっくりだ。

まったく、こんなことをやっているから客が減るんだ。

おれはそう思いながら、自分の部屋に荷物を入れた。


「若旦那、みんな集めましたぞ」

爺はおれをみんなに引き合わせるために、旅館の全スタッフを集めた。

番頭と若女将、板長を中心に、総勢18人。

爺が今回のいきさつを話した。

しかし、板長の黒川が眉をひそめながら言った。

「番頭さん、話はわかったが、若旦那はこの仕事を知らねえ。失礼だが支配人なんて務まるのか？」

若女将の白神もうなずきながら言った。

「板長のおっしゃることは、たしかに理にかなっています。若旦那には、まず現場の仕事を一通り覚えていただいたほうがよろしいのじゃないかしら」

スタッフの多くも、うなずいている。


アウェーだ。どうやらおれはあまり歓迎されていないようだ。

まあいいだろう、下働きから始めて、みんなと仲良くなるのも悪くない。

「どうじゃろ。若旦那、みんなの意見の通りにされては」

「わかった。みんながそう言うならそうするよ」

おれは答えた。自信があった。遊園地で接客も習ったし、都会人のさばき方ならおれのほうが上だ。ここでみんなの鼻を明かしてやる、そんな目論見を持っていた。

こうして、旅館での下働きが始まった。

1「やらなくていい仕事」を見つける

桃谷旅館物語①

おれはまず、客室係からスタートすることになった。

ネクタイを締めて、その上に赤えんじ色（昔は桃色だったらしいが、今は色褪せている）の法被《はっぴ》を着て朝礼に参加する。

朝礼は、若女将が客室係全員に今日の流れを説明するところから始まる。

「本日は満室のご予約をいただいております。3時に大月さま4名到着、3時30分に観光友の会12名さまがお着きになり……」

「若旦那……メモしておいたほうがいいですよ」

おれにコソッと言ってくれたのは、まるで日本人形のような風貌の藍川ひとみだった。

この子は半年前に入ってきたばかりだとか。でもすでに、若女将に目をかけられている。

おれと同じ年だろうか……。

「若旦那、今日はよろしくお願いしますね」

若女将がおれに微笑みながら言った。しかし目は笑っていない。

まずはこの若女将・白神の鼻を明かしてやろう。

自信満々で午後３時を迎えた。


「大月さま、お着きです」

爺が声を上げる。客室係が迎え入れる中、おれは先頭を切って客を案内した。

ちょろいものだ。まず１組さばいた。

「それでは、ごゆっくり」。頭を下げて下の階に降りようとする。

「あ、すみません。エアコンが効かないんですけど……」

え？　おれはもう一度部屋に入ってみる。どうやらリモコンの電池が切れているようだ。

すぐにフロントに取りに行く。すると、別の客が声をかけてきた。

「あのー。Wi-Fi ありますか」

「調べますので少しお待ちください」

まず電池か……フロントに急ぐ。

柳の間からも声をかけられる。

「すみません、枕を2つ追加でお願いしたいのですが」

まったく、いろいろなものを頼みやがる。電池、Wi-Fi、枕2つ……。

「おい、風呂にタオルがないぞ、すぐもってこい!」

風呂場の更衣室から裸のおじいさんがご立腹だ。どうやら日帰り入浴の客だ。フロントで渡し忘れたか。

「はい、ただいま」

電池、枕2つ、タオル……あれ、何か抜かしたぞ……?

すると悲鳴が聞こえる。

部屋を覗くと、若い夫婦が部屋で逃げ回っている。

スズメバチだ。これは殺虫剤が必要か。


やっとの思いで、フロントに到着した。

「あの、枕と電池と殺虫剤ありますか?」

汗を流すおれの横に、若女将が近づいてきた。

「若旦那、松の間のお客さまから何か仰せつかりましたか?」

松の間……あ、そうだWi-Fiか……。

「すぐにパソコンを使いたかったのに、いつまでたっても連絡がないって苦情が来ています」

「えっ……そんな」

「もういいです。後は私たちでやりますので」

若女将は冷たい目でおれを見ながら言った。

おれはうなだれて、事務室にこもった。

すると爺がやってきた。

「若旦那……」

「爺、何でこんなことになったのかわからない」

「若旦那は、見えておらんのじゃ」

「は？」

「見えていないって……おれ、ちゃんと見ているよ」

「いいえ、若旦那は見えておられません。何をするべきで、何をしなくてよいかが見えておらんのです」

すべての仕事をするとコップから水が溢れる

「やらなければならないこと」はすぐに見えますが、「やらなくていいこと」はなかなか見えないものです。

手帳に書いたやるべきこと。上司から指示されたすべてのこと。今まで普通にやっていたすべてのこと。それらを全部、やらなくてはならないと思い込んでいないでしょうか。

そもそも、すべてのことを完璧にするという考えは、無理があります。私たちの持つ時間には限りがあるからです。

コップに水が注がれているとイメージしてください。いつかはいっぱいになりますよね。仕事も同じです。すべてを受け止めると、すぐにキャパシティがいっぱいになります。すべてを受け止めようとするのではなく、取捨選択して「いまするべきこと」と「後でするべきこと」、そして「やらないこと」を分ける必要があるのです。

「やらなくていいこと」が見つからないと、やるべきことが溢れてしまいます。すると、溢れているものだけに目がいってしまい、本当にやらなければならないことがさらに見えなくなるのです。

私たちの周りには「やらなくていいこと」がたくさんあります。でもそれは、「やらなければならない」という眼鏡では絶対に見えません。

そのようなときに便利なのが、「影響度」という視点です。**この仕事をしなければ「どんな損失が出るのか」「誰に迷惑がかかるのか」という見方です。**

影響度を計るコツは、今やろうとしていることを「他人の仕事」だと考えることです。すると、今まで大事だと思っていたことが、影響度の低い、やらなくてもいい仕事だとわかります。そしてその目を持つと、やるべきこととやらなくていいことが区別できるようになります。

こうなれば「やらなくていいこと」が見えるようになるのです。

2「事実が何か」を見つける

桃谷旅館物語❷

爺の言っている通り、おれは昔から、目の前のことに夢中になる癖があった。

あれ以来、やるべきことをメモに書いて、順番をつけることにした。

まだ爺の言ったように、何をして何をしないのかは見えないが、まず先にやることと後でもいいことを区別できるようにはなった。


客室係3日目、初の当直だ。

0時から6時までは基本的に、フロントの裏の部屋で仮眠ができる。何事もなければ寝ているだけの仕事だが……。

「夜中眠れないというお客さまや、お腹が減ったというお客さまから電話が入ることありますよ」と藍川が教えてくれた。

「でも、男の人が当直してくれたら心強いです」

かわいらしい笑い方をする子だ。今日は藍川と私で当直。なんかドキドキする。


午前２時、そのドキドキは現実になった。

キー、ミシミシという音が静かな旅館に響く。

自室のトイレを使わずに共同のトイレを使う人も少なくない。落ち着こう……と思いつつ、おれは震えながら布団の中に丸まった。

その瞬間……！

「ギャアアア！」

おれは布団から飛び起きた。悲鳴は１階のトイレ付近。慌てて向かうと、子供が泣いている。

「どうしたの!?」

すると、すぐにその子の親もやってきた。

男の子は目に涙をためて、ぶるぶる震えながら言った。

「お化けが出た……」

「え?」

おれは霊感がないせいか、まだお化けなるものを見たことがない。

きっとこの子も、夢を見て寝ぼけているのだろう。おれは落ち着いて聞いた。

「どこにお化けがいたのかな?」

「あそこ……」

子供が指差したところは、けもの道しかない森へと続く、草が生い茂った暗闇だ。

「どんなお化け?」

「ヒューって白い火の玉が。そして白い服を着たお化けが森の中に……」

おれは目を凝らして森を見る。

両親は「きっとこの子、夢を見ているので……」と言いながら、嘘じゃないと反論する子供を抱え、部屋に戻った。

おれもやれやれと思い、寝床につく。その1時間後、午前3時30分……。

「きゃあーーー」

また同じ場所から悲鳴だ。

行くと、藍川がうずくまっている。

「どうした⁉」

「出ました。お化け。白い服を着た……」

「え……⁉　まさか」


これはまずいことになった。

おれは翌朝、すぐにお寺の住職に相談をした。

住職は「きっと、成仏できない霊がさまよっているのだろう」とおれに語った。

幽霊が出るなんて噂が流れると、客足が遠のく。すぐに除霊をしなければ……。

おれが慌てて、電話帳やネットで除霊師を探していると、爺が現れた。

「若旦那、見えておらんのう……」

「お化けのこと？　確かに霊感がないから見えないけど……」

「いや、若旦那が見えていないのは、もっと大事なことじゃ」

思い込みの多くは事実ではない

「幽霊の正体見たり枯れ尾花」ということわざがあります。

恐怖心や疑いの心で物事を見ると、枯れた尾花（ススキの穂）も幽霊に見えるという意味です。邪念が入ると、本物とはまったく違うものに見えてしまうのです。

これを仕事の場面で言い換えると、「事実が見えていない」ことに見間違いの原因があります。

私たちは、聞いたことや見たことをすべて事実と思う傾向があります。**しかし、仕事において、そんなに簡単に事実が見える場面は、実はそう多くはありません。**

一見、事実だと思うことも、自分で確認したことではない限り、本当の事実とは言えません。その「確認」も曲者で、たとえば、新聞に掲載されている記事も、テレビやネットで流れている情報も、人から聞いた噂話も、すべて「間接的な情報」です。

間接的な情報には「事実」とは異なるものも多く含まれているのです。

事実を見抜くためには、神経質なほど「裏付け」を取らなければなりません。実際に裏付けを取ってみると、事実だと思っていたことの多くが、人の主観や思い込みだったことがわかるのです。

情報には2種類あります。「定性的な情報」と「定量的な情報」です。

定性的な情報とは、「近い」「多い」「もう少し」などと、捉え方によって意味合いが変わる情報のことです。

一方、定量的な情報とは、「500メートル」や「23個」「3％」などと、数字で表せる尺度がある情報のことを言います。

私も、部下の講師が成果を報告する際に「もう少しで達成します」とか「順調に行っています」といった言葉を使うと、裏付けを求めます。「もう少し」「順調」という言葉は、あくまでもその部下が思っていることで、事実ではないかもしれないからです。

だからこそ「事実を見つける視点」を持つべきです。

事実を確実に捉えないと、判断も精度が落ちます。逆に、この視点があれば「裏付けを取る」など、見えない事実を見つけることができるのです。

3「ほかの方法」を見つける

桃谷旅館物語③

そうか、自分の目で確認するしかないのか。

勇気を出して、夜中、例のけもの道を見張ることにした。

午前2時。駐車場のほうから、うっすらと白い光が現れた。

「ひゃっ。現れた」

本当は逃げ出したかったが、足がすくんで動けない。

おれは植え込みの横に隠れて、お化けが通り過ぎるのを目をつぶって待った。

どんどんと足音が近づいてくる。

「うん……足音!? ……お化けなのに足音？」

おれは勇気を振り絞り、懐中電灯を当てた。

「うわっ」。白いお化けは驚いて声を出した。

「ひゃっ……あれ？　あなたは……」

顔を照らすと、見覚えのある顔。

「君は……確か調理場の？」

「あ、怪しいものではありません。ぼく、緑川です」

お化けの正体は、うちの旅館の新米調理人の緑川だった。

「何やっているの!?」

「いや……実は……」

訳を聞くと、緑川は趣味でカブトムシやクワガタを捕まえにいっていたそうだ。蚊に刺されるのが嫌なので、白いシーツで体を覆っていたらしい。

こうしてお化け騒動は解決した。


客室係2週間目。

16時。この時間は、お客さまのお出迎えがピークになる。

「いらっしゃいませ」

「ああ、よろしくお願いしますね」

この方は、先代から毎年いらっしゃるお客さまで、長岡さまという。

おれは荷物を持ちながら話しかける。

「今回は避暑ですか？」

「ああ、それもあるが、毎年、花火を楽しみにしているんだよ」

「花火？」

「ああ、いつもやっている花火大会だよ。今日じゃないか？」

奥さまもうんうんとうなずいている。

しかし、花火大会は昨日終了している。

「えっと、申し訳ありません。花火大会は昨日でして……」

「なにっ。そんなわけないだろう」

おれは花火大会の廃棄予定の余ったパンフレットを持ってきた。

それを見た長岡さまは、呆然。

「なんてことだ……終わっただと」

奥さまもみるみる生気がなくなった。気の毒だが、終わったものはどうしようもない。

「どうぞ、ごゆっくり」

おれは部屋に荷物を置き、そっと去った。

「若旦那、なんてことをされるのですか」

若女将の白神だ。かなり怒っているらしい。下唇がかすかに震えている。どうやらこの会話を聞いていたのだろう。

「だって、花火大会は昨日じゃない。どうしようもないよ」

「若旦那、もっと目を開いてよく見てくださいな。どうしようもないとは情けない」

「は？」

発想を小さな「箱」に閉じ込めるな

「もう打つ手がない」。

このような状況に陥ったことは誰しもあるでしょう。

しかしこの状態、私は小さな「箱」に閉じ込められている状態に似ていると考えています。小さな箱の中にいれば、周りも見えませんし、動き回ることもできません。この状態では「打つ手がない」は当然でしょう。

ある著者仲間が「もう書くことがない」と言っていました。聞けばなるほど、彼は1冊目で、持っているノウハウをすべて書き切ったようです。これでは、2冊目に書くものはないかもしれません。

しかし「アイデアは無限」などと調子のよいことは言いませんが、私はアイデア次第で何冊でも書けると考えます。

彼の得意分野はプレゼンテーション。1冊目はビジネスでのプレゼンテーション技術を書いたものでした。

彼が書くことがないのは「ビジネスのプレゼンテーション」です。その箱の中で考えると、たしかに2冊目は難しいでしょう。でもその箱から抜け出すと無限に書くことができます。就職活動のプレゼンテーションもあるでしょうし、夫から妻へのプレゼンテーションもあるでしょう。箱から抜け出すと、さまざまな道があることが見えます。

従来の方法や今までの経験も、このように無限なアイデアを見えにくくすることがあります。**「当たり前」「常識」「今までの経験」は新しい発想を見えなくする要因となります。**だからこそ、ある枠組みにはまるのではなく、「代わりの対策」を見出す視点を持ってほしいのです。

小さな箱の中からは何も見えません。箱の外を見る視点を持ってください。

箱の外を見る視点のポイントは2つです。

まずひとつが、自分が箱の中にいると気づくこと。今までの経験や常識を捨て去り、アイデアを探すことで、箱の外が見えます。

もうひとつは、完璧さを捨てることです。

完璧さも、せっかく見えた素晴らしいものを「陳腐」に見せるよくないものです。

アイデアに完璧を求めると、生まれるものも生まれてきません。

アイデアを求めるときは「質」より「量」を求めてみましょう。

すると、自分が入っている箱から出て、新しい方法が見えてくるのです。

4 「根拠」を見つける

桃谷旅館物語④

白神はおれに、1枚のパンフレットを手渡した。

希望郷花火大会……ここから車で30分ほどの場所だ。今日、花火大会が行われるらしい。

そうか、花火大会はうちの村だけがやっているわけではないんだ。

おれはお客さまにお勧めしてみた。

「うちの村の花火よりは多少規模は小さいのですが、あちらは湖面から打ち上げる花火で、湖面に鮮やかに映る花火は壮大です」

「ほう、そんなものがあるのか」

長岡さまは、ご機嫌を直しかけていた。

「よろしければ、私がお車でお送りします」

結果、長岡さまは大変満足されて、しかも来年の花火大会の日のご予約までいただいた。

あのまま放置しておいたら、暗い一日を過ごされていただろう。

もっと目を開けなければならないと痛感した。


客室係1か月目を迎えた。

コツはかなりつかんだのだが、大変なのは夜の食事時だ。

うちは部屋食とよばれる、お泊りの部屋で食事をするのが基本となっている。

ただし、その配膳は客室係が行う。

これが大変なのだ。重いだけではなく、料理を出すタイミングを見計らわなければならない。温かいものは温かいうちに召し上がっていただく。これが板長のスタイルだからだ。


やれやれ、今日も最後のデザートを出し終わったのだが、ひとつデザートが残っている。

女性ひとり客の須田さまだ。

器を引きあげようとしたときに驚いた。料理をほとんど召し上がっていらっしゃらない。

おれは部屋へ、デザートを持っていった。

須田さまは、それをちらっと見て「結構です。これ引きあげてもらえますか」と言う。

何があったのだろうか。

おれは須田さまのおっしゃる通りに膳を下げ、配膳室に持っていった。

「おれの料理が気に食わねえってのか」

黒川板長がおれに吠える。

おれに吠えたって……。これだから職人は……。

「板長、今は個性の時代ですよ。アレルギーだって敏感だし。おそらく口に合わなかったのでしょう。ぼくにいい考えがあります」

おれはお客さまを喜ばせるために、夜食を作り持っていくことを提案した。

女性が好きそうな焼き芋とおにぎり、ラーメン、そしてパフェ。〝お客さまに満足してもらう〟が当館のモットーだ。


サプライズ夜食を持っていくと……。

須田さまは目の前に広げられた夜食を見て、明らかに驚いている。

そして……。

「すぐに持って帰ってください。必要ないです」

そう言って、須田さまは部屋を出ていった。

「……あれ？」

若女将の白神が現れた。

「若旦那、見えていませんね」

「何が……ぼくは気を利かせて……」

「いやね。なぜお客さまがご飯を召し上がらなかったのか……それが若旦那には見えていらっしゃらない」

行動の裏には必ず根拠がある

上司とは言葉足らずなものです。

なにせ、自分の思ったことをポイントだけ述べるものですから、聞き手に伝わらないことが多い。「お前、これはあれだろ」と叱られても、「あれ」がわからないのです。

ただ、上司になった今、少しわかりかけたのは、「上司は自分の思っていることを察知してくれる」ことを期待しているということです。

たとえば上司から、「すぐに20部ずつコピーを取ってきてほしい」と、複数枚の書類を渡され、指示されたとしましょう。

「指示通り、20部ずつコピーする」。これは間違いではありません。しかし、まだ見えていないものがあります。

それは「指示の根拠」です。**なぜ上司がそのような指示を出しているのか、その「根拠」を考えることが大事なのです。**

会議で使うのであれば、資料としてまとめる必要があるでしょうし、プレゼン用であれば、それぞれのタイミングで、1枚ずつ配るかもしれません。

「この書類は何に使われるのですか?」と根拠を聞くことによって、見えないものが見えるようになるのです。

一方で、私たちが自分の意思を伝える際にも、「根拠」を伝えないと、誤解を生むことがあります。

宴会で私が、いつも飲むお酒を飲まなかったとします。「いつも飲んでいるのにどうしたのだろう……」と、周りの人はいろいろな思いを巡らせるでしょう。

私はお酒が大好きなので、部下から「社長はどこか体が悪いんじゃないだろうか」と思われると、根も葉もないあらぬ噂話に発展しかねません。

その前に一言、「明日は人間ドックだから飲めない」と伝えることで、相手は、見えないものが見えるようになり、より伝わりやすくなるのです。

行動の裏には必ず「根拠」があります。その根拠を見ないと、とんちんかんな行動になってしまいます。物事の根拠を見つめる目を養いたいものです。

5「判断したことによるリスク」を見つける

桃谷旅館物語⑤

そうか……そういうことか。

おれはその人が言わなくても、心を察知する能力があると思ったが、実は的外れだったということかもしれない。

おれは須田さまにお詫びをした。須田さまも「もっと話しておけばよかった」とお詫びをしてくれた。須田さまは実はモデルさんで、現在ダイエットをしているところだったらしい。

なるほど、ダイエット中の方にパフェはない。

「須田さま、明日の朝食はどうされますか」

「えっと、もう少しでダイエット目標達成なので、明日も抜くかもしれません」

おれは板長にこれを告げた。

黒川は苦虫を噛み潰したような表情でぶつぶつ言う。

「だったら、料理がメインのこの宿に泊まるなっつーの。じゃあ、明日の朝もいらねえんですね」

「いや、ひょっとしたら食べるかもしれない」

「若旦那、そこをきちっと決めてもらわねえとこっちには段取りがあるんですぜ。まったく箸を付けないものを作るのは自分の性分にあわねえよ」

「うーん……」

決断を迫られている。

「わかった、作らなくていいよ」

おれは一か八かかけた。

翌朝、おれの決断は外れた。

「昨晩食べてなかったらお腹すいちゃって、朝食お願いできますか」

「えっ……少しお待ちください」

おれは慌てて調理場に駆け込む。

「若旦那、あんたが要らねえって言ったから、そんなもの作ってねえよ」

「あ、それがお客さんの気が変わって……なんでもいいから作ってください」

「あんた、おれたちが作っているのはファーストフードじゃねえんだ。そんなにすぐにほしかったら、山里の商店でパンでも買ってきたらどうです」

これではらちが明かない。

「若旦那、まだまだ見えていませんね」

爺が現れた。

「何が？」

「何かを決めることはいいのじゃが、若旦那が見えていないのは、それが外れたときのことじゃ」

「保険」を考える

旅行をする際、私はネットでホテルを取ります。そのとき、いいプランがあったと思ってページを開けると、「あと1部屋です」などと出ていることがあります。

私はもともとせっかちな性格ですので、「あと1個」や「あと1席」と聞くと後先考えずに、まず確保するという思考回路が働くようです。

ホテルも多くの場合、キャンセル料がかかるのは3日前くらいからなので、安心して取ったところ、なんと、予約をしたら期限は関係なしにキャンセル料がかかるところがあり、払わなくていいものを払うところでした。

判断をする際には、もちろん自分の判断が間違っていないと思って判断するわけですが、その判断が間違っていたときのことを考えることが「いい判断をする」ということなのでしょう。

私は研修で、管理職の卵の受講者に、管理職の仕事は「判断すること」、そして「判断の責任を取ること」とお伝えします。これは決して、間違ったから腹切りをするということではなく、**判断が間違っていたとしても、最小限の損失に抑えることが「切れる人の判断」だということです。**

このようなお話をすると、「じゃあ、危ない判断はしないほうがいいじゃないか」とリスク回避型の意見があるかもしれません。

そうではありません。何らかの判断をすると、少なからずそれに伴うリスクが発生するわけです。

たとえば、今私が使っているパソコンは2年前に購入したものです。すでにこのパソコンで10冊以上は本を書いています。

1冊が10万文字として、10冊で100万文字、100万回以上はキーボードをたたいているわけです。とうとう、Mの文字が消えてきました。

何かが溜まっているのか、動きも鈍くなってきました。

さて、ここでパソコンを買い替えるべきかどうか。この判断にもリスクが伴います。新しいものにすると、使い勝手を覚えるために時間がかかり、今まで使っていた機能がなくなるかもしれません。移し替えも面倒です。

一方、このまま使うという判断にもリスクが伴います。ようやく書いた原稿が消えてなくなるということもありますし、海外出張に行っている際に使えなくなると厄介です。

ここでお話ししたいのは、リスクがあるからといって判断しないことではなく、**判断した上で、そのリスクを最小化することです。**

そのためにも、「判断したことによるリスク」を見抜かなければいけません。
この「判断したことによるリスク」を見抜くには、判断した後を想像することです。
それも、少しネガティブに先を読むと、リスクが見えてきます。
その「リスクを見抜く」ことで、さらによい判断となるのです。

6「全体の流れ」を見つける

桃谷旅館物語❻

「どうしよう……」

たしかに判断をミスった後のことは考えていなかった。しかしそんなことより、まずは須田さまの朝ごはんを何とかしなくては……。おれの頭は膠着状態に陥った。

「若旦那、どうかなさいましたか」

若女将の白神だ。いつも沈着冷静。仲居たちはまことしやかに「鉄の女」と囁いている。

おれは藁にもすがる思いで白神に事情を話した。

「事情はわかりました。この件、私にお任せいただけますか」

おれは子供のようにうなずいた。

「お待たせいたしました。須田さま、ご朝食をお持ちいたしました」

おれは白神が持っているお盆の中身が気になった。白い布がかかっている。

白神は、須田さまの部屋の座卓の上に盆を置き、白い布を取った。

そこには、真っ赤なリンゴと牛乳。

「これは……!?」。須田さまもきょとんとしている。

白神は口を開く。

「このリンゴはこちらの名産で本日取れたてのものです。カロリーも低く、お腹がいっぱいになります。加えて、カルシウムを摂るために新鮮な牛乳でございます」

須田さまの表情が、驚きから笑顔に変わった。


おれが白神に礼を言うと、一言。「プロですから」。

「……でも、若旦那にお願いがあります」

「お願い、ですか？」

「ええ、実は料理の件でございます。最近、お客さまの食べ残しが増えてきまして……。

都会の方からすると味付けが薄かったり、飾りつけが地味だったりするのかなと。それに対して、あちらの紅林館は、イタリアンと和食を混合した創作和食でございます。伝統も大事かとは存じますが、時流に合わせるのも大切かと」

「それを板長さんには……」

「以前申し上げたのですが……聞く耳を持たず、先代からお話しいただくと、総上がりすると言われたそうです」

「総上がり……？」

「板長が職人全員を連れて辞めてしまうことです」

それはまずい。ここは支配人の出番だ。

「なるほど、わかりました。私は東京で働いていましたので、そのお話をしてきますよ」

「ありがとうございます」


おれは板場に行き、料理の一新を提案した。

すると板長の黒川は「そんなに料理を一新したいのなら、おれたちを一新すればいい」と突っかかり、前掛けを外したかと思うと、まな板の上に叩きつけて出ていった。

唖然としているおれに、料理人見習いの緑川が近づいてきて言う。

「若旦那、今はタイミングが悪いですよ。さっき、一切箸を付けなかった料理の件で、板長は腹立てていましたから」

「そんな。それとこれとは別の話なのに……」

おれがそう言うやいなや、爺が現れた。

「若旦那、まだまだ見えておらんようですな」

「何が？」

「流れですよ。流れを見ないと、いいこともたちまち悪になっちまう」

鳥の目・魚の目・虫の目

「会社員から社長になって、何が変わりましたか？」と、ある雑誌のインタビュアーに聞かれました。

なかなか難しい質問でした。だって、ほとんどのことが変わりますから。

報酬も変わりますし、勤務時間も変わります。読む本も変われば、勉強することも変わる。

でも一番変わったのは「目」かもしれません。

サラリーマン時代は、目の前のことに夢中になるタイプでした。

全体最適なんて建前で、自分の部署が今だけよければそれでいい。だから毎日が全速前進のような日々です。現場が大好きで、現場にだけ答えがあると信じていました。

しかし、そのような目だけで会社を経営していると、たちまち倒産してしまいます。

今どんな景気なのか。お客さまは何を望んでいるのか。これからどのようなものが人気が出るのか。

このような目も大事ですし、とくに採用に関しては「今使える人」から「3年後活躍してくれる人」を望むようになりました。


これは能力ではなく、必然的にそうなるのだと思います。

たとえば、船の中で調理を担当する役目にあると、外の天気やこれからの針路はわかりませんが、突然、高台の操舵室に行き「お前が操舵しろ」と言われると、遠くの天気も気になりますし、何時に着かなければならないかも意識するのと同じです。


今だけ、そして目の前だけを見ていると、見えないものがたくさんあります。

「鳥の目、虫の目、魚の目」とよく言われます。「鳥の目」は上空から全体を俯瞰する目。

「虫の目」は、現場でより深く見る目。そして「魚の目」が、流れを読む目です。

今回はとくに、流れを見てほしいのです。

今、どんな流れになっているのか。

たとえば、部下のモチベーションがこれよりも下がらないくらい下がりきっているのに、「頑張れ」と言っても逆効果です。

流れを読む「魚の目」を身につけるには「時系列」を気にすることです。過去・現在・将来を意識するのです。

この視点を持つと、流れがわかります。


今だけを見るのではなく、ぜひ「流れを読む目」を持ってほしいものです。

7 「相手が求めるもの」を見抜く

桃谷旅館物語⑦

「料理人の世界には十職というものがあります」

爺はおれに教え諭すように話した。

「板場の長は『板長』じゃが、それに行きつくまでは10個の職階……つまり段階があるという意味ですじゃ。下洗い、中洗い、立ち洗い、立ち回り、盛り付け……」

「洗いものだけでも3つの役目があるの？」

「そうじゃ。その中で彼らは日本料理を極めているのじゃ」

「でも、だからと言って、お客さまに人気のない料理を出すのはダメでしょ」

爺に反論すると、背後からどすの利いた板長の声がした。

「金爺、このお方には日本料理が何かを説いても無駄だよ」

振り返ると、まるで仁王像のように板長が立っている。

「あ、黒川さん」

「若旦那、あっしゃ、丁稚奉公からこの桃谷旅館の板場におります。今の桃谷旅館の料理は１００年受け継がれた味。それをおれの代で変えろって言うなら、あっしゃ身を引きますよ」

「別に辞めなくても。ただ、今のお客さんにあったものを作ってもらえれば」

「若旦那、今のお客さんにあったものとはどんなものです？」

おれは言葉に詰まった。

「いやほら、今、ディナーバイキングとか、イタリアンとのコラボとか」

「あっしは料理人です。食い物と料理の違い、わかりやすか？」

黒川はおれを見下ろすように言った。

「料理は『うまければいい』というわけじゃねえ。美しさ、繊細さ、食材の持ち味、器、作法、五味五法……すべてが揃ってこそ料理です」

おれは圧倒された。何も言い返せない。でも引き下がるわけにはいかない。

「でもね、おいしいおいしくないを決めるのは、お客さまじゃないですか。お客さまの求めるものを出すのがプロだと……」

「すると、食い放題だとか、スパゲティがお客さまの望むものっていうわけですかい」

「そうですよ」

そこで、爺が会話に入ってきた。

「若旦那、それは違う……まだまだ見えていませんぜ」

「は？」

「お客さまが何を求めているのか……じゃよ」

「やりたいこと」と「求められているもの」のギャップをなくせ

取引先の新入社員の方とお話をする機会がありました。「勤めている会社から何を求められているか？」と問うと、彼は「会社を変えること」と答えました。

なるほど、ここまではっきり言えるのはすごいな、と感じました。私が新入社員のときには、そこまではっきり言えなかったと思います。

ただ、ある統計では企業が新入社員に望むものの1位は「常識のある行動」だそうです。

もちろん、彼の言った「変革」も望まれてはいるものの、会社は案外、「普通」を望んでいるのかもしれません。

求められているものが何なのか。この問いに関して、私たちは高確率で間違っていることが多いものです。ついつい私たちは、「自分に何を求められているのか？」より、「自分は何をするべきか？」を考えてしまうのです。

上司や会社から、何を求められているのか。もしあなたが、この問いにはっきり答えることができないのであれば、恥ずかしがらずに直接、質問するべきです。

逆説的になりますが、自分に求められているものをはっきりと知っているのは、自分に何かを求めている人です。直接確認することにより、今やっている行動が、本当に求められていることなのかどうかがわかるのです。

そうすれば、見えないものを見抜くことができるのです。

8 「脅威の中のチャンス」を見つける

桃谷旅館物語8

そうか、新しい料理や目新しいアイデアばかりをお客さまが求めているわけではないということか。

……じゃあ、何を求めているんだ？

おれは悩んだ挙句、結論を出した。

お客さまが求めていることは、お客さまだけが知っている。

板長も合意のうえで、アンケートを取ることにしたのだ。

1か月後、アンケートを集計すると、意外なことがわかった。

お客さまは「桃谷旅館の料理が嫌」なのではなかった。「食べ方がわからないから、食べられない。食べ方を教えてほしい」という願望が圧倒的に多かったのだ。

都会の人に馴染みの薄い日本料理だからこそ、食べ方を知らずに誤解しているお客さまが多かった。たとえば刺身も、味の淡白な白身魚から食べるのがおいしい食べ方であるし、ワサビも醤油につけて溶かすより、少しずつ刺身に載せて食べるとおいしさが倍増する。食べ方を知っているのと知らないのとでは、料理の味わいがまるで変わる。

一方で、おれが提案したバイキングやイタリアンを望む意見はまったくなかった。

「じゃあ、お客さまにわしが教えてやろう」

この日から、板長が自らお客さまの席に行き、食べ方をお伝えし始めた。それを見ながら、仲居たちも実際に、正しい食べ方を覚え、お客さまに説明しだした。

それから、食べ残しはほとんどなくなった。

これが理由かはわからないが、客室の稼働率も60%からじわじわと上昇し、いつの間にか80%を常に超えるようになっていた。

これで桃谷旅館もようやく安定する。そう思った矢先、耳を疑う情報が飛び込んできた。

桃谷旅館の隣の空き地に、紅林館の新館の建設計画が浮上したのだ。

それを初めに知ったのは、板場の緑川だった。

いつものごとく「副業」のカブトムシ捕りに森に入ったときに、建設業者と紅林館の紅林、そして銀行らしい人間がその土地を前に、図面を広げていたというのだ。

「大変です、紅林の別館を隣に建てるようです。地上17階建てだとか」

そんなものを建てられたら、うちの客がさらに減るじゃないか。やっと採算ラインに乗ってきたのに……。


急きょ、幹部が集まり対策を練る。

「どうしやす、若旦那。あんなもの横に建てられたら、ごっそり客を持っていかれるぜ」

板長も苦虫を噛み潰したような顔で言った。

「噂では月原リゾートが紅林の別館をプロデュースするとお聞きしました。あそこは全国で旅館を建て直している会社ですわね」

若女将も目を落とす。

そもそも、そんな大手のリゾート会社が出てきて勝ち目はない。あっちは最新の設備、教育もいい、料理人も粒ぞろい。これでは閉館しかないか……。

今なら従業員も新しい紅林のホテルで雇用してくれるかもしれない。

「もうダメかもな……」

おれがぽつりとつぶやくと、爺が罵声を上げた。

「若旦那、あんたはまったく、何も見えていないのう」

「見えているよ、あんなものができたら、うちは……」

「違うのじゃ、どうして負けることばかり考える。あんたに見えておらんのは、脅威を機会に変える目じゃ」

ピンチをチャンスに変えろ

表があれば、裏もあります。

表裏一体という言葉がある通りに、表と裏は密接な関係で、引き離すことができません。

でも私たちは多くの場合、物事を「表」か「裏」か、どちらかでしか捉えていません。

たとえば、病気になったという事実があります。

多くの方は「病気はよくないこと」と捉え、病気の状態を解消しようとします。

つまり病気を「脅威」と捉えているのです。

もちろん病気は予防すべきですが、病気になったからといって悪いことばかりではありません。

病気になったからわかること、得ることもあるのです。

人の温かさ、親切にしてもらうということ、健康のありがたさ、忘れていたことを知る絶好のチャンスです。


私も子供の頃、重い喘息を患っていました。

息を吸いたくても吸えない苦しさ。だからかもしれません。肺活量が人より多く、高校で吹奏楽部に入ったときは、クラリネットの音のよさに指揮者が驚いていました。我慢することを覚えたのは大きな収穫でした。


このように振り返ってみると、**一見脅威に見えるものも、見方を変えれば機会、つまりチャンスであることが多いものです。**

上司に叱られたときもチャンスです。自分の中に変革を起こすチャンスです。

ライバルが現れたときもチャンスです。競争は自らに力を付けてくれます。

目の前に踏み台があるとしましょう。

きっとこの踏み台に乗ると、壊れてけがをする、と考えるのか。それとも、これを使えばもっと高い壁を乗り越えることができる、と考えるのか。どちらをとるかは、あなた次第です。

成功する人の多くがピンチをチャンスに変えてきました。

脅威と捉えると前は見えなくなります。脅威も見方によっては機会へと変わるのです。

9 「専門家」を見つける

桃谷旅館物語⑨

そうだ、ライバルが強くなるということは、この桃谷旅館に改革を起こせるチャンスということだ。

そう考えたおれは、全従業員を集めてライバル旅館対策を考えることにした。

「なにか対抗策があれば、忌憚なく言ってほしい」

しかし、誰も手を挙げない。この意識を変えなくてはならない。おれは危機感をみんなに訴えた。

すると、ようやく提案が出始めた。

「あの……料金を下げてはどうでしょうか」

フロントを担当している女性社員だ。

「あと、アメニティのグレードを上げるとか」

客室清掃担当だ。

「やはり笑顔でしょう。もっと心のこもった挨拶を」

客室担当だ。

おれは出てきた提案をホワイトボードに書き出した。

30個ほどの提案が出てきた。それらをまとめる。

結局、対策の骨子は「料金プランの見直しと、心のこもった挨拶」だ。

おれにも、それ以上のアイデアは出ない。


「わかった。これで行こう」

おれがそう言った瞬間、板長が苦虫を噛み潰したような顔で言った。

「若旦那、本当にそんなもので相手に勝てるつもりですかい？」

若女将も静かに言った。

「私もそう思います」

「じゃあ、どうしろっていうんですか！」

おれは２人に怒鳴ってしまった。

たしかに、ありふれたアイデアかもしれないが、それ以上のものがあれば教えてほしい。

その気持ちが溢れたのだ。

爺が立ち上がり、おれに言った。

「若旦那、見えておらんのう」

「なにが？」

「ま、若旦那だけじゃないがのう。こんなときは内の声より、外の声を聴いたほうがええ。

餅は餅屋というじゃろ」

外部の考えを入れてみる

私が起業したのは7年前です。はじめは個人事業主としてスタートしたのですが、そのときに実感したことがあります。会社員ならば会社がやってくれることを、すべて自分がやらなくてはならないのです。

大いに悩みました。

「ああ……こんなことも自分でしなければならないのか」

名刺のデザインや印刷、コンピューターの配線やメンテナンス、そして税金や保険関係……。

最初は『はじめての税務処理』のような本を買って勉強していたのですが、税務署から送られてくる文章の意味がわからず四苦八苦……。

今振り返ると、当時は、すべてのことを自分が処理しなければならないと考えていました。

自分でやればお金もかからない。たしかにそうかもしれません。

しかし、コストは単純にお金だけではありません。時間もパワーもストレスも、コストにつながっています。

そして何よりも、本来やらなければならないことができない損失は、大きいものなのです。

「餅は餅屋」といいます。専門分野は専門家に任せたり、助言を仰いだりするほうが、結果的にコストが減る場合が多いのです。

でも私たちは何とか自分の力で乗り切ろうとします。

そのようなときに、外部の知恵を借りようという視点があれば、見えなかったものが見えてくるものなのです。

10 自分で確かめる

桃谷旅館物語⑩

なるほど、自分たちだけで考えても「従来の考えの修正」なだけだし、しかもこんな危機は誰も体験したことがない。こんなときには、外部から客観的に意見をもらうのもひとつ、理に適っているかもしれない。

そこでおれは、友人の経営コンサルタントに相談した。

すると、旅館の経営を立て直す専門家がいるとのこと。世の中にはいろんな専門家がいるものだ。さっそく、桃谷旅館に来てもらった。

一連の流れを聞いて、現地の視察をした旅館再生コンサルタントの茶山は首を傾げた。

「本当にあの紅林館が別館を建てるのでしょうか」

「え？　どういうことですか？」

「いえね。たしかにリゾートホテルを建てるということはあり得るかもしれないですが、この場所であれだけの投資をしても、私の計算ではどう考えても収支が合わないのですよ」

茶山に言わせると、リゾートホテルを建てるには、旅行会社のバスツアーなどのコースに加えることが必須条件で、しかも周りに有名な観光スポットがないと難しいとのこと。

たしかに……そう言われれば、ここには近所の古い祠《ほこら》くらいしかない。

「もう少し裏を取ってみてはどうですか？」

これが茶山の助言だった。

おれは情報源の緑川に確認をした。

すると「間違いない」と言い切る。

他の従業員に確認する。

「そういえば、人員増強のために採用広告を出していました」

え……やはり本当か？

「なんでも、ベッド数が５００台ほどだとか……リネン業者が言っていました」

「レストランは和洋中３カ所あるらしいですよ。食材納入業者からの情報です」

「大型プールもついているらしい。今流行りの、波を打つプールです」

なんてことだ。情報が集まれば集まるほど、とてつもないホテルができる。

おれがうろたえていると、爺がやってきた。

「若旦那、見えてらっしゃいませんね」

「何が？」

「重要なことは、自分の目や耳で確かめないとわからんということじゃ」

潜在情報は自分の「五感」で探れ

以前、ある旅館のサイトを見て予約を入れたのですが、期待外れでした。サイトではどうしても、よい部分だけしか情報を公開しないからでしょう。いかにきれいな外見が掲載されていても、実際に歩くと軋みがひどかったりします。また、従業員のサービスなどは利用者からの情報のほうがあてになります。レビューというものですね。

ただ、これらの情報の多くは「個人の主観」なので、必ずしも正確とは言いがたいのです。


だからこそ、重要なときや情報が錯綜しているときには、自分自身で情報を取りにいくことで、見えないものが見えることもあるのです。

私の前職はスーパーのダイエーの社員です。創業者の中内さんが店舗に巡回に来るときには大騒ぎでした。事前に情報が入ると、店はまるで改装のごとく手を入れられ、巡回に備えました。ご指摘など受けようものなら、全店に知れ渡るほどのピリピリ感でした。

ところがある日、突然抜き打ちで巡回されたことがあります。

売場は人手不足で、とてもきれいといえる状態ではありません。しかし、うなずきながらお店を回られ、私たちにヒアリングされていたのを覚えています。

あのときは、なぜ突然、抜き打ちで来られたのかわかりませんでした。

でも今はわかります。自分の目で本当の現場を見られたかったのでしょう。取り巻きの方からのよい情報と、実際の経営数値にギャップを感じられたのかもしれません。

「数字は嘘をつかない」と言われる方がいます。

もちろんそうかもしれません。**しかし事実確認をしないと、数字も嘘をつきます。**数字だけでは見えないものがあるのです。少し面倒くさくても、実際に確認する視点を持つことで、本当の事実が見えてくるのです。

11 「楽しみ」を見つける

桃谷旅館物語⑪

おれは実際に、建設業者や町役場へ調べにいった。

「え？　そうなんですか？　私たちはまだ、そのようなことをお伺いしていません。それに、あの場所にそんな高層ビルを建てることができないと思いますよ」

建設業者は訝し気にそう言った。

「あの場所は地盤がもろいので、杭をよほど深く打たないとね……まあ、無理でしょう」

建設業者に聞いたことを、コンサルタントの茶山に報告する。

「やはり裏がありますね……ガセネタを流しているようですね」

「どうしたらいいんですか」

「しばらく様子を見ましょう。……それより、かなりお疲れのようですね」

茶山に言われて気がついた。たしかにしんどい。夜もこの件や、旅館で起きるいろいろなことを考えると何度も目が覚める。頭も朦朧とする。


次の朝、おれは布団から抜け出せなかった。ようやく這い出して事務所に行くと、

「若旦那、大丈夫ですか？」

藍川が心配そうに声をかけてきた。

「あ、おはよう。なんでもないよ。どうして？」

別に体調が悪いわけではない。過労でもない。顔に出ているのか……？

「それだったら安心です。最近は声もかけていただけないから……」

「そんなことないよ。少し仕事に夢中になっていただけだよ」

そう言うと藍川は寂しそうに笑った。

「でもね、これは藍川さんだけに話すけど、なんだかこの仕事にやる気を覚えなくなっているのかもしれない」

藍川は同情するような表情をした。

「毎日毎日、お客さまを楽しませて、お見送りして、また新しいお客さまが来て……この繰り返しじゃない。経営も楽じゃないし、頭からいつもライバルの紅林が離れない……」

「苦しそうですね」

「ああ、仕事は遊びじゃないのはわかっているけど、前の仕事のほうが、やりがいがあったかな」

「どんなやりがいですか」

「なんだろう、もっと肩の力が抜けたというか……」

藍川は真剣な顔でおれに言った。

「若旦那、ここも同じようにされたらいいんじゃないですか？」

「そんな余裕はないよ」

「あの……若旦那は見えてらっしゃらないんだと思います」

「え。藍川さん……何がおれに見えていないの」

「今の若旦那には苦しみしか見えてらっしゃらないようです。楽しみが見えていないように見えました」

自分へのご褒美を作れ

目の前の仕事をこなすことに夢中になると、私たちは自分へのご褒美を忘れてしまいます。

くたくたになっても次の仕事が目の前にあり、ふらふらしながらそれに取りかかります。**そうしていると、「何のために仕事をしているのだろう」と考えてしまいます。**

私は常に、自分にご褒美を用意しています。

原稿を書いていても、その原稿を完璧にすることより、次の本を早く書きたいという気持ちを原動力に、文章をひねり出すようなイメージです。

それは、マラソンでいえば、ゴールが見えて「あそこに着けば水が飲める」という気持ちを原動力に力を振り絞るという頑張り方です。

仕事のご褒美は仕事だと私は思いますが、人の価値観はさまざまですから、いろんなご褒美を設けるのもいいでしょう。たとえば「週末にバーベキューに行く」でもいいでしょうし、「貯金をしてほしいものを買う」でもいいでしょう。

誰でもモチベーションがあります。モチベーションとは、簡単にいうと「やる気」です。やる気を出すには、ご褒美が大事です。現実的なことをいえば、仕事をして「報酬」がもらえる。これもご褒美かもしれません。

しかし、お金のためだけに働くのは少し寂しいものです。もうひとつ、何かプラスになるご褒美を用意しましょう。


私の会社には「達成感」をご褒美にする社員が多くいます。

私の会社では、目標は自分で立てます。与えられた目標より、自分で立てた目標を達成するほうが、達成感は増すからです。このご褒美は、ライバルとの競争を「つらい」ものから「楽しい」ものへと変えてくれます。


ご褒美は、豪華になればなるほどやる気が出ます。

会社員だった頃に、自分のご褒美で初めて新幹線のグリーン車に乗りました。

そこで新しいものを見つけました。自由席ではぎゅうぎゅう詰めの中で気を遣いながらお弁当を食べていたのに、グリーン車では終始、ゆったりとできる空間のまま、目的地に着きました。

私の次のご褒美は「いつでもグリーン車で移動できる自分」でした。

ご褒美ができると、少々つらいことでも頑張ることができます。

つらいものをつらく見ても何も見えません。楽しみを見つける視点をぜひ見つけてください。

楽しみやご褒美を見つけることができれば、同じ仕事でもモチベーションの上がり方はまったく違ってきますよ。

12 「3手先」を考える

桃谷旅館物語⑫

おれは父の見舞いにいくことにした。どうも紅林の動きが理解できなかったからだ。爺の情報によると、紅林の別館建設計画はたしかにあったものの、何かの原因で白紙に戻ったそうだ。

それを聞いて少し安堵した。一方で、当館の横の土地が売りに出されているとのこと。まあ、まずは危機を回避できたようだ。

会うたびに父は小さく見える。それでもカラ元気か、病院のベッドから上半身を起こしておれを笑顔で迎えてくれた。今まで桃谷旅館で起きたこと、そして今回の紅林館の動きを伝えた。

「ふむ……紅林は何か企んでおるのかもしれんな」

「でも、ようやく相手もあきらめたみたいだから一安心だよ」

「相変わらず、お前は甘いのお。そんなことであきらめるような奴らやないわ」

「でも実際に計画は白紙に戻ったし」

父は咳き込みながら真剣な表情でおれに言った。

「お前は見えておらん。生き残るにはもっと先を見んと」

「先？」

「うむ、最低でも3手先を読まないとな」

「相手がどう出るか」を考える

私は多くの昇格試験の受験者を見てきました。たかが試験と思われる方もいるかもしれませんが、昇格試験は人生を左右する大きな転機です。

私が前職で昇格試験を受けたときのことです。

ようやくその試験に挑戦できる年齢になりました。なんとしても合格したい気持ちを抑えながら、ある計画を組みました。

1年目はまず落ちる。1年目は、何が悪いのかを試す機会だと思って受験したのです。もちろん勉強はしたのですが、合格するつもりはありませんでした。どんな問題が出たのかを暗記し、試験終了後すぐに、今年出た昇格試験を復元しました。それをもとに勉強して、来年合格しようと考えたのです。

結果は、なぜか1年目で合格したのですが、私は今でも、受験者にこの方法をアドバイスしています。

まずは相手がどんなものかを知り、次にどのような方法を取ればいいのかを考える。相手が何ものなのかがわからないと、戦えません。

「1年目から合格する」と目標を立てるのは、悪いことではありません。しかし、短期的な視点で行動すると、後で痛い目に遭うこともあります。少し先を見据えて計画を立てておくことが、保険になるのです。

「3手先までを読む」。この観点を忘れると、とんでもないことが起きます。

部下を叱るときは、相手がどのような受けとめ方をするのかを考えて叱らないと、逆恨みされたり、下手をすると退職されたりします。

一方で、先を読みすぎると逆に見えるものも見えなくなります。

ある受験生が面接の問答集を作っていました。

自分の発言に対して、どのような質問が来て、どのように返せばいいか。そこまでは誰でも考えます。しかし彼は、さらにその先を考えていました。

5手先は無限です。黒い宇宙の向こうに何があるか想像するのと同じで、もはや空想の世界です。パターンは無限にあります。ここを気にしすぎて問答集の作業に没頭していると、本来やるべきことがぼやけてしまいます。

あくまでも「3手先」がどうなっているのかという視点を持つことによって、現実的な生き残る道が見えてくるのです。投げたボールがどこに返ってくるのか。それを考えるだけで、見えていないものが見えるようになります。

13「もっと高い目標」を見つける

桃谷旅館物語⑬

「3手先を考える」か……。

今回は、相手があの土地の件を白紙に戻した。そして、うちの危機は去った。……でも紅林が、このまま引き下がるか？　……いや、何かまた動き出すだろう。ということは……あの土地のリスクを減らさないといけない。

「若旦那……思い切って、あの土地をうちが買い取るというのはどうですか？」

藍川だった。

「藍川ちゃん……買い取るって、買い取ってどうするの？　それに、そんなお金はないし」

「そうなんですが……でもあそこに別の旅館が建ったら、それこそまた死活問題じゃないですか？　あそこはいい土地ですよ」

たしかにそうだ。先に封じ手を打つという手段もあるか。

「それにしても、藍川ちゃんはどうしてあの土地がいい土地だとわかるの？」

「え……いや、なんとなく」

藍川は言葉を濁した。しかし、おれはそんなことに気をとめることなく、すぐに銀行に電話をして相談をした。答えはいい感触だ。融資の審査をしてくれるらしい。


桃谷旅館はまた落ち着きを取り戻した。

紅林館の新館建設計画が撤回されたことが従業員の中にも広がり、どこかライバルの紅林に勝ったようなムードが広がった。従業員もモチベーションが上がっている。

これでおれも、ようやく落ち着いて仕事ができるというものだ。

「若旦那、ちょっとよろしいですか」

若女将の白神だ。

「来月の予約の状況ですが……ちょっと芳しくないですね」

おれはホワイトボードに書かれた予約表を覗き込む。

「たしかに……でも先月とほぼ同じでしょ。だったら、それほど心配することはないでしょう。この不景気だ。先月並みを維持できたら大したものですよ。それに紅林も撤退するほどの力をうちは持っているわけですから」

おれは白神を励ますように言ったが、白神の顔には逆に厳しさが出てきた。

「若旦那……失礼ですが……大丈夫ですか」

「え？　何が？」

「若旦那が浮かれていては困ります。きちんと目を開けて見ていただかないと」

「は……な、何」

「目指されるものが低すぎますわ。桃谷の目指すものはもっと高いものではないでしょうか」

高い目標を設定する

私が高校時代に立ち寄っていたコンビニエンスストアがありましたが、先日その前を十数年ぶりに通りかかると、建物は残っていたものの、介護施設に変わっていました。おいしかったハンバーガー屋さんも、跡形もなくなっていました。

時代の移り変わりを見たような気がしました。

よくこのようなお話をすると、時代の波にのまれてしまった……などと表現される方がいらっしゃいます。しかし、私はそう思いません。**きっとどこかで力を抜いたのか、力の入れどころが違ったので、淘汰されてしまったのではないかと考えるのです。**

目先の目標をクリアしたことで浮かれていると、徐々に衰退していることに気づきません。

私は仕事柄、一流と呼ばれる講師や著者とお話をする機会が多くあります。しかし、彼らの口から「最高のできだった」という言葉は聞いたことがありません。言い換えれば「いいできだった」とおっしゃった講師とは、いつの間にかお目にかからなくなるのです。

「これで十分」だと思うと衰退に向かいます。衰退に向かわない方法はただひとつ、上なる目標を持つことです。上に向かっている間は成長を続けられます。

ある目標をクリアしたとしましょう。その達成感をしばし味わうのもいいでしょう。ただ、その時点で次なる目標は見えなくなります。あなたの前にはまだまだ上位なる目標があり、それに向かう道が開けています。

上位の目標を見つける視点を常に持ってほしいのです。すると、さらに上が見えてきて、あなたは上り続けることができるはずです。

一里塚に着いたくらいで落ち着いて休むのは、まだ早いのです。

14 「ヒヤリハット」を見つける

桃谷旅館物語⑭

白神に言われて気がついた。たしかに気が緩んでいたのかもしれない。

支配人であるおれが「これでいい」と思えば、この桃谷はダメになってしまう。

そういえばこの前、父親が言っていた。

「桃谷旅館の暖簾を残すだけじゃだめだ」

この言葉には、「今のままではだめだぞ」という意味合いがあるのだろう。

おれは漲《みなぎ》るパワーを持って、まず板場から活を入れるべく向かった。

「なんだとう。てめえ裏切るのか？　もういい、勝手にしろ」

板長の黒川の罵声が聞こえる。電話をしているようだ。

「どうしたんですか。板長」

黒川は受話器を壊さんばかりの力を入れて握り締め、おれに言った。

「松岡が、昨日限りで辞めさせてほしいと」

「え？　松岡って、次期板長候補って言っていた……？」

「あいつ……金に目がくらみやがって」

「板場は大丈夫ですか」

「若旦那、あんな若造がひとりいなくなったくらいでどうってことないですぜ」

おれはその言葉を聞いて安心した。すぐに求人雑誌の担当者に電話して補充しなきゃな。


事務所に戻ると、白神がおれに頭を下げた。

「若旦那、ご報告が」

嫌な予感がした。そしてその予感は的中した。

「仲居の金田が退職をしたいと」

「え？　金田さん？　あのベテランが……痛いな」

「まったく気がつきませんでした。大変申し訳ありません」

今まで退職者がいなかったのが珍しかったのかもしれない。

おれは求人雑誌の担当者に電話をして、調理人と仲居を募集することにした。

電話が終わると爺が立っていた。

「若旦那……」

「見えていませんね……だろう？　大丈夫、先手を打っておいたから」

おれは爺が言おうとしていることを先回りして言ってやった。

しかし、爺は首を横に振り言った。

「いや、やはり見えていねえ。氷山の一角という言葉を知っておられますかな」

「ヒヤリハット」を見つけろ

2割の要因が8割の失敗を生み出している。これは拙著である『あなたの失敗はいつも同じ原因』で書かせていただいたフレーズです。

それでは、その2割の要因をなくせば8割は失敗しないのかといえば、それほど短絡的な話ではありません。私が伝えたいのは、全体の8割の失敗を生み出す2割の要因を知っている方が少ないということなのです。

ヒヤリハットという言葉があります。

これは「危なかったけれど、重大な事故には至らなかった」事例のことです。しかし中には、重大な事故にならなかったばかりに、「ああ、危なかった」と安心してそのまま放置してしまうこともあります。

先日、私の机の近くにある掛け時計が突然落ちてきました。

幸い私に当たることなく、時計が壊れただけで済みました。時計の固定の仕方が甘く、よく考えると落ちても無理がないよな、と反省しました。

これがヒヤリハットです。

そしてこのヒヤリハットはこれだけで済むものではありません。

重大な事故の陰には29件の軽微な事故、そして３００件のヒヤリハットが存在するといわれています。これをハインリッヒの法則と言います。

あまり重要じゃない失敗も、そのうちに大きな失敗、取り返しのつかない失敗につながるという視点を持つこと。

重大な事態が起こる予兆と捉えれば、今するべきことが何かが見えてくるはずです。

15 「自分のやるべきこと」を見抜く

桃谷旅館物語⑮

たしかに、この2人だけじゃないかもしれない。これ以上従業員が退職すれば、旅館の運営にも支障が出る。5人、いや10人が辞めるかも。どうすればいいのか……。

しかし、なぜベテランの2人が急に退職したのか。

すると、板長の罵声がまた聞こえてきた。

「なんだ、てめえも裏切るつもりか！」

まさか……。急いで板場に入ると、見習いの緑川が板長に締め上げられている。

まあ、まあ、と中に入り、緑川と板長を引き離して落ち着かせた。

「緑川くん、どうして桃谷を辞めるんだい？」

緑川は下を向いたまま何も言わなかったが、ぼそぼそと話しだした。

「包丁を握らせてくれるって……」

「なんだとっ。てめえが包丁握るだと？　馬鹿言うな」

「いえ、絶対約束してくれるって」

「誰がそんなことを言いやがった」

「松岡さん……」

おれと板長は目を合わせた。

松岡って、先日退職したうちの調理人じゃないか……わけがわからない。

すると、別の調理人の大塚が勢いよく、白い帽子を取って頭を下げた。

「すいません。板長、私も誘われました」

「え……あ、おれも」

すると板長の顔が今まで見たことのない鬼の形相になり、緑川に迫った。

「おい、吐きやがれ、松岡はどこに行った」

「ひえっ、言ったら殺されますよ」

「だったらここで死ぬか」

真剣な板長の様子を見て緑川はついに観念したようだった。

「……紅林です」

「許さん、今から紅林に行ってくる」

板長は前掛けを勢いよく外し、外に出ようとした。

おれは板長がみんなを連れ戻してくれることを期待して声をかけた。

「ほどほどにね」

すると爺が板場の入り口からおれに言った。

「若旦那、見えていやせんね」

「は？　何を」

「若旦那が本来するべきことですよ」

自分がやるべきこと

経営者になってわかったのですが、私は最近、どうも他人任せになっていることが増えているようです。以前は自分がやっていた作業も、今は誰かが代わりにやってくれます。

このような状態が続くと、すべて他人の仕事のような錯覚に陥るわけです。

数年前、ある銭湯に行きました。古い銭湯らしく常連さんが数名いらっしゃいました。

体を洗いお風呂に入ると、私は悲鳴を上げました。お湯が熱いのです。目に入ったのは水が出る蛇口。私は迷いもなく水を入れ始めました。するとと常連さんから厳しく注意をされました。

「そうか。ここに来られている方は、この熱さを普通としているのか」

反省しながら熱いお風呂につかりました。

後日、スーパー銭湯と呼ばれる場所に行きました。家族連れなどでごった返しています。その中で、お風呂で泳ぐ子供たちがいました。大人たちは迷惑そうに子供たちから遠ざかります。そこに店員さんが、温度のチェックに来ました。注意してくれないかなと期待していたのですが、見て見ぬふりをして立ち去っていきました。

私の期待は裏切られたわけですが、ふと振り返ると、あの銭湯の常連さんのように、私が率先して注意をすることもできたのではないかと反省しました。

スーパー銭湯の店員さんに期待した私を含めて、私たちは自分がやるべきことを、他人がやってくれると期待する、他人依存が進んでいるようです。

仕事でも「僕がやるんですか」と平気で言う社員が増えたと聞きます。

自分の役割は他人がやってくれる、を通り越し、なぜ自分がしなくてはならないのかと考えるようになると、本来自分のやるべきことが見えなくなります。

16「自分自身の強み」を見つける

桃谷旅館物語⑯

そうか、おれは支配人だった。

この桃谷旅館の代表者なわけだから、おれが紅林に抗議するのが筋なんだ。

「板長はここにいてください。私が紅林に抗議してきます」

そう言い残し、おれは紅林館に向かった。


桃谷旅館より洋風で、モダンな煉瓦造りの、3階建ての建物が現れる。

おれは堂々と正面玄関から突き入る。桃谷旅館の法被を着ているせいか、紅林館の従業員はどぎまぎしている。

フロントで紅林を呼ぶように伝える。

しばらくすると、エレベーターから、背の高いスーツ姿の紅林が降りてきた。

「お、やっと来たか。遅かったな。そのピンクの法被、似合ってるな」

「おい紅林。汚いことばかりしやがって」

「久しぶりなのにずいぶんな言い方だな。どうした、人手不足でうちの従業員でもスカウトしに来たか。それだったら無理だな。うちはお前のところより一回りほど待遇がいいからな」

紅林は笑う。子供の頃におれを馬鹿にしていた品のない笑みそのままだ。

「紅林、おれは昔のおれじゃないぞ。お前だけは絶対許さん」

紅林は「ほう」とあざ笑う。

「経営学の博士号を持ったおれに戦いを挑むとはな。ま、どちらが残るか楽しみだ」

そう言い残し、奥に消えていった。


「よくやりなさった。若旦那」

爺は帰ってきたおれに声をかけたが、正直、自信はまったくなかった。

あの紅林が本気になると、とてもかなわない。

相手は経営学を突き詰めた男。そして目的を達成するためには手段を選ばない男。バックには大手ホテルチェーンもいるし、部下も優秀そうだ。

それに引き換え、おれには何がある。

そう考えるとますます落ち込んでいく。何をやってもうまくいきそうにない。

「爺……おれ、やっぱり無理かも」

爺は一瞬悲しそうな顔をしたが、すぐにいつもの、怒れる爺の表情でおれに言った。

「若旦那、見えていねえですぜ」

「なにが」

「本当の若旦那自身の力を」

強み弱みは自分ではわからない

私は仕事柄、多くの管理職の方に出会います。

一見、自信にあふれているようなベテラン管理職や、百戦錬磨の外資系の経営幹部でさえ、自分自身をわかっていないことがよくあります。

たとえば、朝、部下に対する自分の接し方。「おはようございます」と言われて、「おはよう」と顔を向けて挨拶できているか。チェックすると案外、できていないものです。

この見えていない部分は、本人の悪いところだけではありません。意外と、自分のいいところも見えていないことが多いのです。

私は滑舌が悪く、人前で話をすることが嫌いでした。

しかし、研修の仕事に入ったとき、それを聞いていた方からある感想をもらいました。

「引き込まれるような話し方をする」

それを聞いて、嬉しかったのですが戸惑いました。

私が知っている自分とは、まったく違う自分を知ったからです。

ただ、自分の話し方の強みを知ったことで、次回から話をするのが楽しくなりました。

強みは自信につながり、弱みを克服するものになるのでしょう。

あなたの強みを真摯に疑わず見る視点を持つことで、あなた自身の力を最大に発揮できるようになるのです。恐れずに、身近な人からフィードバックを受けてみてください。

きっと今まで見えていなかったことが見えるようになりますよ。

17 「キーパーソン」を見抜く

桃谷旅館物語⑰

爺に尋ねた。

「爺。おれにも強みなんてあるのかな？」

おれはまるで叱られた子供のような気分で質問をした。

「若旦那の強みですかい。たくさんありますすよ。実直、素直、行動力……」

爺は優しく笑いながら言った。

でも、あいつに勝てる自信が出たかというとそうじゃない。

「紅林にはなくて、若旦那にあるものもありますぜ」

「え？　それは何？」

「若旦那にはお客さまの視点があります。紅林にはそれがない。すべて数字でしか物事を見ない」

　そう言えば、紅林はたしかにそうだな。昔から、人をお金に換算するような性格だ。

「爺、なんだか見えてきたよ。自分が」

「そりゃよかった。ところで……」

　爺はおれを覗き込むようにして言った。

「あの土地の件は進んでいるんですかい？」

　紅林が別館を建てようとした土地のことか……。実は暗礁に乗り上げている。銀行の融資は通りそうなのだが、あの土地の所有者が数名いて、なかなかうんと言わないのだ。

「何度も不動産屋に頭を下げにいっているんだけど、答えはノーなんだ」

「地主には会ったのですかい？」

「ああ、地主が４人いて、３人は地元なので直接交渉して了承を得たんだけど、ひとりだけダメだった」

「まあ、あそこはなかなか売らんでしょうな」

「どうして？」

「昔、あそこは旅館だったのは知っているでしょう」

「うん、たしか……アイとかいう旅館だったっけ？」

おれが小学生の頃に閉館したので、はっきりとは覚えていない。

「あそこは、桃谷に潰されたといまだに思っているらしいですから」

「そんな。たしか、あれは紅林が火をつけたって……」

「アイの主人は人がいいですからね。紅林に騙されているんですよ」

「とんだ言いがかりだ。でもアイの主人はたしか、かなり前に亡くなった」

「ええ、でも、その娘がいたと。紅林でしばらく働いていたらしいですがね」

おれは首をひねった。

「でも爺、その娘は地主じゃないから今回の話とは関係ないよ」

「若旦那　見えていやせんね」

「え。だって……」

「キーパーソンが誰かを見抜かねえと、ドジ踏みますぜ」

キーパーソンは誰だ

私たち日本人は、役職や肩書に誇大妄想的なイメージを持ち過ぎであると感じます。名刺に「代表取締役社長」と書いてあるだけで、目上に感じてひれ伏してしまうような感じがしますし、「弁護士」と書いてあれば、今までただのおじさんに見ていた男性も、どこか凛として見えます。

しかし、キーパーソンが誰かを見抜く際に、「肩書」だけで選ぶと、問題解決への道筋を外してしまう可能性があります。

キーパーソンとは「肩書」だけではなく、何か物事を決めるときに発揮される「影響力」を持っている人のことを指します。

たとえば研修をしていても、受講生の中でキーパーソンが誰かを意識します。全体の8割の質問は、2割の受講生が行います。もっと言えば、ひとりの受講生が半分の質問をしてくるなどもよくあります。

中には悪意をもって「講師を困らせよう」という質問をする方もいます。あらかじめ、そのキーパーソンを押さえておく必要があるのです。

キーパーソンは「肩書」でも「年齢」でもありません。誰が一番「影響力」を持っているのか。そのような目で見ると、見えなかった成功の糸口が見えてくるのです。

キーパーソンを見抜く視点を身につけることで、解決しなかった難題も一気に解決します。

18「先に起きる障害」を取り除く

桃谷旅館物語⑱

地主のもとにもう一度行って話を聞いた。

するると、地主が重い口を開いた。

「あの土地はアイの旦那のものだ。だからわしが勝手に売ることはできねえ」

「でも、旦那はもう亡くなったのでしょう」

「お嬢さんがいらっしゃる」

「アイのお嬢さん……わかりました。その方にお話をしたらいいわけですね」

「おそらく、お嬢さんはあんたとは会わねえよ」

「どうしてですか」

「桃谷を恨んでいるからさ。あの旅館の最後を知っているか？」

「たしか火事で……」

「ああ、アイの旦那はあの火事で亡くなった。お嬢さんも大やけどを負いながらも、奥さまが火の中から救い出した。あの火事は不審火で警察に処理されたが、お嬢さんは今も桃谷の連中が火をつけたと信じている」

「そんな……うちの父はそんなことをしません」

「まあ、今会うのは火に油を注ぐことだね」

途方に暮れた。銀行からも早く決着をつけるよう催促が来ている。

旅館の裏口で座り込んでいると、藍川がやってきた。

「若旦那……どうしたんですか」

いつものスマイルは、おれの心の唯一のオアシスだ。

おれは経緯を話した。

「若旦那、この一件は私に任せていただけないですか？」

「え。藍川さん、そのお嬢さんと知り合いなの？」

「知り合いっていうほどでも……でも頑張ってみます」

そういえば、アイのお嬢さんは藍川と同じくらいの年齢だったかな。

おれはきっとそうだと思って藍川にお願いをしてみた。

災難は続く。若女将の白神が、いつもより急ぎ足で事務所に入ってきた。

「若旦那、ニュースをご覧になりましたか？」

「え……何かありました？」

「何かって……建物の耐震基準が変更になるらしいですよ」

「へえ……それが……？」

「それがって……若旦那、何も見えていませんね」

「へ……？」

「これは桃谷の一大事ですよ！」

対岸の火事はすぐに燃え移る

２００９年に新型インフルエンザが大流行となりました。実にあっさりと、南アメリカから日本まで入ってきたことに驚きました。

ドラッグストアからはマスクはおろか、消毒用のアルコールが一斉になくなりました。

私たちは、海外で起きている流行病なんてはるかかなたの別の国の話と捉えるのですが、国内で感染者が出たとたん、一気に自分のことのように感じる習性があります。

対岸の火事という言葉があります。しかし物事はすべてが連なっており、今の時点では関係ないことでも、将来は関係してくることがあるものです。

おれおれ詐欺の報道をテレビで見ると、「こんなものに騙される人もいるんだなぁ」と自分に関係ないように思っていると、そのころ自分の親が騙されていたなんていうことも十分にあり得るのです。

対岸の火事が起きたときには、自分に関係ないことではなく、自分にも将来起きるリスクが潜んでいると捉えることが大事です。

そのリスクを発見すると、あらかじめ防止策を考えることができます。

周りで起きていることも、将来は自分にも降りかかることかもしれない。そのように考える視点を持つことで、大きな災いを防ぐことができるのです。

19「外部環境」を見抜く

桃谷旅館物語⑲

そうか、うちは築50年以上で、新耐震基準になると大幅な改修工事が必要になる。

さっそく、建設会社に見積もりを取る。すると、改修するより建て替えたほうが、経費が大幅に減ることがわかった。ただ、それでも4億以上の資金が必要になる。

たしかに大ごとだ。でも大丈夫。銀行さんに貸してもらえばいい。

……と、おれは楽観的に銀行の窓口に行ったが、何やら今までと違って雲行きが怪しい。

そして、支店長が出てきておれに言ったことは予想外のことだった。

「当行では建て替えのご融資は難しいです。あと、例の横の土地購入の融資の件ですが、こちらも一度白紙に……」

藪をつついて蛇を出してしまった。

建て替えの件は、桃谷旅館の中からも反対の声が上がった。

「桃谷は、この古民家的なところが魅力で多くのお客さまが来られています。それなのに建て替えなどしては、紅林と比べて唯一の強みがなくなってしまいます」

白神は頑として物申す。

料理人の多くも同じことを言う。爺まで、今まで守ってきたこの建物を壊すのはならぬと一点張りだ。

おれは藍川に相談した。

「お金もない、従業員は建て替えに大反対。行き詰まっちゃった。いっそのこと、この旅館たたもうかな……」

「若旦那、そんなことを言わないでください」という言葉が返ってくることを期待した瞬間。

「じゃあ、たたんだらどうですか？」

藍川はおれを突き放すような鋭い目で言った。

「勝手ですね。少しくらいの障害にぶつかったくらいで、勝手すぎます」

「藍川ちゃん」

「若旦那の口から今まで何度も、桃谷旅館をたたむ、と聞いてきました。だったら、いい機会じゃないですか？　紅林にこの桃谷を売り渡したらいいじゃないですか」

「そんな……おれは何とか頑張って」

「若旦那は見えていらっしゃらないんです。支配人として見るべきものが」

「え？　支配人として？」

「ええ、もし見えていたら、簡単にお金がかからないから建て替えという言葉は出てきません」

機会と脅威を知る

これからのビジネスパーソンが生き残るためには、自分自身の力をつけなければならないのはもちろん、「風」を味方につけることも大事だと考えています。

「風」とは世の中の流れです。

今、どのようなことに人々が興味を持ち、これからどのようなことが流行するのか。景気や海外情勢にも敏感になり、都心部と地方の違いを知る。

鈍感な私でも、今、日本の都心部で起きている異常なことを身近に感じています。

労働者が足らず、小売店や飲食店に行くとサービスが低下しています。駅から勤務先に向かう人の半分くらいはスマホを見ながら歩いています。このような、今までと違う動きを感じとるのです。

外の世界を知るには「変化」を感じ取ることです。

次に、その変化が自分にとって追い風なのか、向かい風なのかを考えなければなりません。前にも書いた通り、私は変化を向かい風と捉えるのは好きではありません。

変化は「風」です。

もちろん向かい風もありますが、その風をどのように感じるかは、紙一重です。

ある方は「少子高齢化」を脅威と捉えました。なるほど、労働人口も少なくなりますし、人口自体が減ると、マーケットも縮小します。

しかしながらある方は「機会」と捉えます。労働人口は減りますが、それを補う海外の方が多く日本に流入しグローバル化が進む。日本と海外のボーダーがなくなることを機会と捉えているのです。

私たちは自分の力だけでは生きていけません。私たちを取り巻く環境の変化を知って、まるで空を飛ぶトンビのように風を読んで、ずっと飛び続けなければならないのです。

だからこそ、外部での変化を敏感に捉えて、それを機会か脅威かを見極める視点を持ちたいものです。

20 「自分を支えてくれる人がいること」を見抜く

桃谷旅館物語⑳

おれは考えた。

藍川の言った通り、売却するという選択肢も支配人として考えなければならない。

しかしおれは、この旅館を残したい。

そこで結論付けたのが、老舗旅館「桃谷」が歴史を強みに生き残る方法だ。建て直しより補修して建物を残せない。


しかし……だからと言って、補修するにはお金がない。頼みの銀行も資金の融通どころか、今貸している資金の回収も示唆している。

だとすると残る道は……。

創立27周年

WAVE出版

図書目録Ⓟ
2014年6月
発行

www.wave-publishers.co.jp.

〒102-0074 東京都千代田区九段南4-7-15
TEL 03(3261)3713　FAX 03(3261)3823
振替00100-7-366376 E-mail:info@wave-publishers.co.jp

表示は本体価格です。
送料 300円

WAVE出版のめざすもの

小社は、「混迷の時代をいかに生きるか」という難問に、読者とともに立ち向かう姿勢で出発しました。

現代社会における「第四の権力」巨大マスコミは、肥大化と商業主義の果てにその自浄作用を失い、いま自滅の危機に瀕しています。使命感や責任感が欠如した言論の危機状況の中で、出版界も、「活字離れ」などと、自らの怠慢の責めを読者に転嫁するのではなく、「出版とは何か」の基本理念に立ち返り、その創造に全力を挙げることしか、危機を脱する処方箋はないと考えます。

1945年の敗戦以来、古き出版人は、自らの失敗に学び、平和の礎としての揺るぎない文化の普及啓蒙を責務として励んでこられました。

そして今、われわれ新しき出版人は、「平和すぎる時代の文化の敗退」状況を目の当たりにし、読者不在の元凶「顔のない文化の一方的発信者」の座を捨て、自らも含めた生活者の視点に立った、未熟でも人間臭い、ささやかで、そして切実な出版活動に挑むべきだと思います。

小社は、ひとりひとりの生身の人間が抱き悩む「素朴な疑問と豊かさへの渇望」に応え、不正や腐敗を質す出版ジャーナリズムの原点に立ち、強い批判精神を柱にしたユニークな書籍の編集に全力を注ぐことを誓いたいと思います。

微力で青き理想ではありますが、活字文化に携わる者の「草の根」の営みに、読者諸賢の永くあたたかきご支援を期待してやみません。

代表取締役社長　玉越直人

◎2014年に出た本

じゃんじゃん解ける10パズルPrime! 10《テン》ぷら!
富永幸二郎著

新しい算数パズルの誕生！　4つの数字で10をつくる遊び、「10パズル」が穴うめ式に進化しました。その名も、「10パズルPrime」、略して『10ぷら！』。新書判並製●690円+税

なつかしくてあたらしい、白崎茶会のオーガニックレシピ
かんたんデザート
白崎裕子著

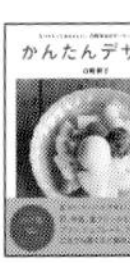

あまりのおいしさ、手軽さで話題を集める、画期的オーガニックスイーツレシピ、第二弾が登場！　安全で簡単で、信じられないほどおいしい、ほかにはないスイーツレシピです。A4判変並製●1500円+税

引きうける生き方
誰かのために手をさしのべるということ
安田未知子著

82歳の今、老人病院の経営、高齢者のお世話で睡眠3時間ながら、毎日2時間の電話相談の日々。〝沖縄のマザーテレサ〟の人生を豊かにする教え。「ちゅい、たしき」（さあ、一人助けようか）四六判並製●1400円+税

若杉ばあちゃんの一汁一菜子育て法
子どもが本当にたくましく育つ食養の教え
若杉友子著

若杉ばあちゃんがお母さんに贈る、かんたんで安心の待望の子育てアドバイス！　子どもの体力低下、低体温、アレルギーも食べ物次第！　一汁一菜の穀物菜食で子どもは丈夫に育つ。四六判並製●1400円+税

大人の習い事シリーズI
フラダンスのはじめ
伊藤彩子著

フラ人気、高まっています！　何歳でも、太っていても、体がかたくても、大丈夫。「習ってみたいな……」を後押しする、知りたいことがすべてつまった、お役立ち本！　A5判並製●1400円+税

90分でわかるアリストテレス

アリストテレスによって人々は地球の周りを太陽が回っていること、万物が土・空気・火・水でできあがっていることを信じることができた！　90分でよくわかるシリーズ。

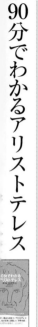

……売却……？

そう思った瞬間、電話が鳴った。

出ると、紅林の嫌味たっぷりの声が耳に入る。

「おい、聞いたぞ、お前の旅館は建て直しが必要になるみたいだな？　金はあるのか？」

「放っておいてくれ。お前には関係ない」

「お前なあ、経営者だろ。そんなときは、何としても旅館を残す方法を考えるべきじゃないか？　おれたちはウマが合わないが、そんなこと関係ない。ここは協力してお互いが生き残る方法を探るべきじゃないか」

「生き残る方法？」

「ああ、紅林と桃谷が手を組めば、もっと効率的に経営ができるだろう。桃谷の建て替えに必要な資金も、うちが出す」

「何？　……しかし……」

「このままでは閉館するか、他の会社に売却するかだろう。だったら昔の馴染みのうちと手を組めばいいとは思わないか？」

「……少し考えさせてくれ」

たしかに紅林の言った選択肢しか残されていない。

紅林から資金を融通してもらうか、他の会社に売却するか、もしくは閉館。

だったら、紅林のほうがうちの事情もわかっているだろうし、建て替えの間も従業員は紅林で働くことができる。

おれは一大決心を伝えようと爺を探した。

「あれ？　爺は？」

「えっと、先ほどみんなで街のほうに行きました」

フロントの青木は言った。

「何しに行ったの」

「なんでもビラを配るのだとか」

おれは慌てて車に乗り駅に向かった。

何のビラを配っているのか？

駅に到着すると、うちの法被を着た従業員がビラを配っている。

「爺、何やっているんだ」

「若旦那、これから毎日、休暇の従業員が順番で桃谷存続のビラを配るそうじゃ」

「そんなことしたって、法律で決められているんだから無駄じゃないか」

「若旦那、あんたにはまだ見えていないようじゃの」
「何が」
「若旦那を支えてくれる人間がいることを」

実は多くの人に支えられている

「支えられている」と言葉では簡単に言うことができても、実際には「支えられている」という意識が薄くなってしまうことがよくあります。

先日、当社は東京のオフィスを移転しました。その際、多くの方から祝電やお花をいただきました。ずらっと並んだお祝いを見たときに、これだけの方に支えられているんだ、と実感がわきました。

しかし、形を見て実感する10倍以上、支えてくれている人がいると思います。「頑張れ」と声をかけてくれる人だけが、支えてくれている人ではないからです。

私たちは実に多くの人に支えられています。

部下や上司という、見えている範囲以外にも、トイレを掃除してくれる人、ゴミを片付けてくれる人、もっと範囲を広げると世の中全体があなたを支えてくれる人かもしれません。

私がこの会社を始めたときはひとりでした。ですから、お客さまから注文のあった教材も自分で製本して、送り状を書き、請求書を作っていました。

今はすべて当社のスタッフがやってくれます。

社長という仕事は、ときには自分がすべてを決める素晴らしい仕事と思ってしまいますが、実際には社長がお金を生み出しているのではなく、多くの人が一人ひとり、本来は自分がしなければならない仕事をやってくれているからできる仕事なのです。

「支えられている」実感がわいて来たら、必然的に「感謝」が生まれてきます。

逆に「支えられている」実感がわかなければ、「自分だったらもっとうまくできるのに」と思ってしまいます。

子供の頃やった人間ピラミッドのように、あなたがいる場所は多くの人に支えられているのだという視点を、あなたは持っておられるでしょうか。

21 「方向」をまとめる

桃谷旅館物語㉑

藍川が唐突に言った。

「若旦那、今、旅館が『温存派』と『建て替え派』の2つに分かれていることをご存じですか？　実は従業員の中には、この建物を建て替えたほうがいいという考えの方もいるんです」

「え？　そうなの？　だって、駅前でビラを配っていたじゃん」

「あれは一部の従業員で、全員の総意じゃありません」

おれは藍川の言う通り、根回しの意味で従業員を中央ホールに集めて、今回の経緯と自分の考えを伝えた。

すると、反応は大きく2つに分かれた。

ひとつは、駅前でビラを配っていた従業員のように、この建物を残すほうがよいという従業員たち。もうひとつは、老朽化している建物を改築して、新しい桃谷旅館でスタートするほうがいいというグループだ。

しかも若女将の白神は温存派で、板長の黒川は建て替え派となり、２つに分かれる形となった。

意見の収拾がつかなくなった集会を打ち切り、おれは事務所に戻った。

するとまた藍川が言った。

「若旦那、どうするおつもりですか」

「藍川ちゃん。そうだね……ここは強行突破しかないね」

おれはトップである自分が意志を貫くことで、反対している人間もいつか賛成に回るだろうと考えていた。

しかし、藍川の反応は冷たいものだった。

「若旦那……みんなが分散したままじゃ……桃谷旅館はダメになります」

「大丈夫、おれが頑張るから」

「若旦那……どうして見えないのですか」

「え？　何が」

「力は分散すると強くならないということです」

みんなの力をまとめろ

大きな力を生み出すには、小さな力を集結させることです。

これは私の経験でお話ししていることですが、きっと皆さんにも過去に同じようなことがあったでしょう。

私の前職場であるダイエーは、まるで野武士集団のような会社でした。チェーンストアでしたが、それぞれが商店主のような店長が集まり、浪人のようなバイヤーがいて、好きなものを売る現場の従業員がいました。

いい意味で、お店に個性がある、と言えます。

私はそんなダイエーが好きでした。しかし、ライバルのイオンやイトーヨーカ堂は集中して力をつけていきます。あるものに集中して売ると恐ろしい量の仕入れになり、その買い付け力で原価を下げていったのです。

バラバラの集団と一致団結した集団は、人の数が一緒でも、まったく力が異なります。

今の当社も、ダイエーの血を引き継いでいるのか、基本は個々の裁量で仕事の進め方を決めています。しかし、先ほどのまとめるパワーがどれほど強いのか赤裸々に見てきた経験から、方向はまとめるようにしています。

みんなの力をまとめるとすごい力になる、このような視点を持つことで個々の力では成し遂げることのできない爆発力を作ることができるのです。

みんなをまとめるとすごい力に変わることを意識すれば、チームに膨大なパワーが潜んでいることに気がつくのではないでしょうか。

22「上位職のパワー」を見つける

桃谷旅館物語㉒

そうか、みんなの力が一緒にならないとダメか……。たしかに、「従業員が全員一丸で建物を温存したい」とならないと、取材されても答えづらいもんな……。

よし、説得だ。

こんなときは根回しが大事だ。まずは板長の説得をしなきゃ。

おれは調理場に向かった。

板長は鯛のうろこを取っている。鯛のうろこはかなり固く、バリカンのような機械を当ててうろこを取る。

「あの、板長……いいですか」

「ああ、若旦那ですかい、少し待ってくれやすか」

「大変ですね。板長がうろこ取りとは……」

おれはご機嫌をとる意味を込めて言った。

「緑川が急に休みやがって……あっしの頃は、多少風邪をひいたくらいでは休まなかったんですがね」

やば……機嫌悪そう。

「若旦那、でもね。時代は変わっているのは、あっしもわかっています。だからいつまでも古いものにしがみつくのは愚かなことですわ」

しまった。先手を打たれた。なんとか巻き返さないと。

「でも、板長。古いものが悪いと決めつけるのはどうかと」

バリバリ……キュイーン。

うろこ取り機が止まった。

板長は何度か機械のスイッチを押してみたが動かなかった。すると出刃包丁の裏側で鯛のうろこをそぎ取りだした。

「若旦那、このうろこ取りは先代の板長から引き継いだものですわ。でも、いつか新しいものに替えなければならない。今はそのときなんですよ」

「でも……」

「若旦那、あっしの決意は固いですぜ。何を言っても無駄というものですわ」

おれは説得をやめた。

板場から離れると、爺が立っていた。

「若旦那、説得は難しいようですな」

「ああ、でも100回くらい話をすれば、納得してくれるでしょう」

「あの板長は、岩の板長といわれるくらい頑固なのは知っておるじゃろ」

「でも岩だろうが、石だろうがなんとかしないと」

「若旦那、目の前の岩を砕くには、視点を変えないといかん」

「視点を変える？」

「もっと目を開けるんじゃ。板長を含め反対派を動かす方法を」

虎の威は借りろ

私の教えるインバスケットでは、目標を達成するためにさまざまな能力を使いこなすことを受講生に求めます。

その中のひとつで「他人の力を借りる」という方法があります。これを私たちは「計画組織力」と言います。つまり組織を有効的に活用するという力です。

私たちは２本の手を持っています。でも膨大な仕事をこなすには２本の手だけでは到底追いつきません。そんなときに周りの人に手伝ってもらうことで、手は２本から10本、20本と増えます。でもこれはまだまだ序の口で、さらに難しい仕事をこなそうとするときには、手の数だけではなく、質を上げる必要があります。

先日部下のひとりが、「社長からこの件を会議で言っていただけないですか」と相談に来ました。私にとってはなんでもないことでしたので、会議で少し話すと、その後でその部下は、ある提案をしたのです。私はやられたと思いました。

私が言ったことを提案にした形で部下が発表したから、だれも反対しません。

虎の威……いや、「鳥原の威」を借りられたと思ったのです。

自分だけではびくとも動かない案件が、もっと力のある人の手を借りるとすっと解決することがあります。上司の力を借りるのは虎の威を借りる賢い狐です。

自分の力で動かないものは、他人の力を借りる視点を持つことで、正攻法では落とせない相手も、簡単に落とすことができるのです。たとえば上司は使ってなんぼ、そう考えると、今までにない力が見つかるのではないでしょうか。

23 「裏」を読む

桃谷旅館物語㉓

おれは父の病室に来た。

みんなをまとめるためには、父の力を借りるしかない。おれは今までの経緯と、旅館の従業員の考えが2つに分かれていることを父に伝えた。

「そうか……」

またやせ細った父は、窓の外を眺めながら、ぽつりと言った。

「建て替えだな……いつまでも昔を引きずっていても仕方がないだろう」

「え……だって、今の建物があるからお客さまが……」

「建物はいつか朽ち果てる、しかしそれより大事なものがある。そうじゃないか」

父の意図はわからない。しかし、おれの中でモヤモヤしていたところはすっきりした。

おれは父の意思を従業員全員に伝えた。

みんなも父の意思を受け入れた。桃谷旅館はこうして建て替えの方向に傾いた。

方向性はまとまったのだが、次に難題が発生した。

数億円の建て替え資金だ。

銀行も貸し渋っている中、なんとかこの資金を調達しなければならない。

おれはすぐに町の銀行に相談に行ったが、返事は同じだった。

ため息をつきながら銀行を出ると、すれ違って銀行に入る男が声をかけてきた。

「桃谷じゃないか……なんだ、金を借りに来たのか」

紅林だった。

おれは無視してそのまま行こうと思った。すると紅林がおれに言った。

「金に困っているんだろう。おれがなんとかしてやろうか」

「大丈夫だ」

「建て替え資金が必要なんだろ。昔の馴染みだ、提案くらい聞いてもいいのじゃないか」

おれは話を聞くだけならと、紅林に誘われてコーヒーチェーン店に入った。

紅林の提案はこうだった。紅林が銀行から桃谷の建て替え資金を、立て替えで借りる……ややこしいがつまり、紅林がうちの改築資金を借りてくれるという話だった。

そうか。銀行も桃谷旅館には巨額の融資はしないが、大手ホテルのバックアップがある紅林なら借りられるのか……これは他力を使う視点だな。

別に紅林から借りるわけじゃないので、銀行から借りるのと同じだろう。

おれは爺にこの提案を受けようと相談した。

「若旦那……あんたって本当に、人がよすぎるのじゃ」

「は……だって、別に紅林は利ザヤも取らないと言っているので」

「まったく見えておらん。もっと裏を見んと」

表と裏がある

「一身上の理由で退職させてください」。

私も多くの方と仕事をしてきた中で、やはりこの言葉を聞いたことがあります。

人間はそれぞれ価値観があります。出会いがあれば、別れもあります。

その中で大事なのは、退職した方がどのような理由で退職したのかを知り、今働いている方に生かすことです。
　一身上の都合で辞めるという方には、必ず本当の原因があるはずです。それを見つけないと何も解決しないのです。

ビジネスで交渉する際も同じです。建前と本音は必ず存在します。ですから建前だけを真実と捉えると、落とし穴があるわけです。

　私も以前失敗したことがあります。ある顧客管理ソフトを購入したことがあります。セキュリティも万全で、とにかく価格が安いので飛びついたのですが、実はそのデータはそのソフトだけでしか使えない仕様で、他のソフトに替えようと思ったときに、移し替えができない、つまり汎用性がないことがわかったのです。
　このように、物事にはよい点があれば必ず悪い点がある。このような視点を持っておかないと、世の中にある多くのトラップに引っかかってしまいます。

　ここでお伝えしたいのは、物事には表と裏がある、ということです。
　裏の裏は表と言われるように、何でも疑うということではなく、本当の狙いは何か？と考えるだけで今まで見えなかったものが見えてくるのです。

24 「相手の事情」を見抜く

桃谷旅館物語㉔

そうか、たしかに紅林にとっては代わりにお金を借りて、ライバルであるうちにお金を無利息で貸す。これはボランティアとしか思えないほど、紅林にメリットはない。

そもそも、うちが建て替えに舵を切って借り入れをするという情報は、うちの従業員しか知らないはずだ。

つまり、内部から情報が漏れているのだ。

誰が……？

おれは爺に相談した。

「なるほど、若旦那、いいところに気がつきましたぞ。情報が漏れているのなら、それを逆手に取って使ってみてはどうですかな」

「逆手……?」

「事実とは異なる情報を流して、相手の出方を見るのです。これで、どこから情報が漏れているか見つかるでしょう」

たしかに。しかし、犯人を見つけるだけならば、「事実と異なる情報」を流さなくてもいい。わざわざ「事実と異なる情報」を流すのはなぜなのか。

おれは爺に聞いた。

「若旦那、まだまだ見えていないですな。こっちにも事情があるように、相手にも事情があるでしょう。それをあぶりだすためですよ」

相手の事情を知る

あなたは自分が「このようにしたい」と思ったことがあるでしょうか。

そして、それがうまくいかなかったことはないでしょうか。

突然の質問で戸惑われたかもしれません。このようなシーンは、ビジネスでよく見かけます。**たとえ正当な理由や正しい根拠があっても、自分の思い通りにならないのは、相手にも受け入れられない事情があるからです。**

人には人の事情があり、それをわかっていないのに一方的に批判したり、中傷すると、大変なことになることがあります。

「あいつ毎日、定時になるとさっさと帰るよな」なんて陰口をたたいていると、「あの人、ご両親の介護で大変らしいよ」と聞いて、陰口をたたいたことを反省する。こんな目に遭うのです。

しかし、私たちは自分の事情を相手にぶつけてしまうことがあります。この状態は「相手の事情が見えない状態」といえるでしょう。

相手の事情を汲み取ることができると、相手に伝える内容も変わります。

先ほどの定時に帰る同僚にも「何か手伝おうか」と言えるかもしれません。

相手の事情を知ると、ビジネスにも有益なことがあります。

たとえば、私が講演をしてほしいとご依頼を受けたときにも、なぜ講演の依頼に至ったのかを必ずお聞きします。通常の依頼なのか。それとも何か特別な理由があるのか。これによって話す内容が大きく変わるからです。

自分の事情だけではなく、相手の事情も見る視点を持つと、自分のやりたいことがより通りやすくなるわけです。

25 「信頼で見えなくなるもの」を見つける

桃谷旅館物語㉕

爺の言う通り、紅林の魂胆を見抜く意味でも、いくつかの情報を流した。従業員をだます結果になるのは、少し罪悪感があった。

「若旦那、元気がないですね」

藍川だった。

「ああ、少し嫌な仕事をしたからね」

「嫌な仕事って……銀行との交渉ですか」

「よく知っているね。それもあるけどね……」

藍川はおれの憂鬱を見抜いているようだ。

「お金……私も少しくらいなら貯金があります」

おれはぷっと噴き出した。藍川はきょとんとしている。

「ごめん、笑っちゃって。でも、大丈夫。紅林……」

「紅林には負けない、とおっしゃりたいんじゃろ。若旦那」

突然、爺が現れた。藍川も驚いたような表情をしている。

「しかし、あれですな。若旦那。よかったですな。銀行の融資が通りそうで」

何を言っているんだ。とうとうぼけたか、爺。

爺はおれを見てニッと笑う。あ、この爺さん、藍川までだましやがった。


しかし、この作戦は効果てきめんだった。紅林から電話があったのだ。

「噂に聞いたのだけど、銀行からの融資が決まりそうなんだって？」

紅林の声がいつもより早口だったのがわかった。やはり何かある。

「ああ、なんとかなりそうだよ。心配かけたね」

「どこの銀行だ。うちの銀行のほうが金利が安いぞ」

あと、コンサルタントをつけるだとか、建設業者を紹介するだとか、オプションもつけだした。何か、うちに融資をつながないとならない理由があるのだろう。

電話を切った出棺、頭を打ち付けられるような衝撃を受ける。

おれは藍川を呼び出した。

藍川が来るまで、外に流れる川を見つめていた。目から涙が流れていた。

「お呼びですか？　若旦那」

いつもの明るい声で近づいてきた。おれは藍川に顔を向けずに伝えた。

「今日でこの桃谷を辞めてください」

少し間があった。いつもは静かな渓流のせせらぎが大きく聞こえる。

きっと藍川にも聞こえただろう。

「どうしてですか」

藍川が尋ねた。

おれは藍川の顔を見た。氷のような表情をしている。

「君が紅林に、すべての情報を流しているんだね」

銀行からの融資がうまくいきそうだ、という情報は、藍川しか知らない情報だったのだ。

「どうして……」

おれは藍川に聞いた。できれば、おれが納得する言い訳が聞きたかった。

しかし、藍川から出てきた言葉は、まったく理解できないものだった。

「私は紅林が儲かればいいと思ったわけではありません。この桃谷が憎いだけです」

「何それ。おれが何をした」

「若旦那が憎いのではありません。でもこの桃谷旅館は絶対許しませせん」

「もういい。君が裏切るとは……」

おれは嗚咽を抑えた。

「若旦那、今までありがとうございました。最後に……」

藍川も泣きじゃくりながら声を整えるかのような動きをした。

「紅林は、この旅館を経営統合するという条件で、自社の資金を銀行から借りようとしています」

「どうして？」

「紅林は数年前のリニューアルで巨額の投資をしています。その効果はあまり出ず、資金が足りない自転車操業になっています。だから、桃谷旅館の土地を担保にしてお金を借りようとしているんです」

「まさか、そんなこと」

「おそらく、銀行から融資が受けられないと、来月には倒産するでしょう」

「よくそんな出まかせを。おれはだまされないぞ」

藍川は泣きながら、頭を下げて、走り出した。

「若旦那、やはりあの女だったんですな」

爺だった。

「爺はわかっていたの?」

「若旦那は見えてないのじゃ。昔から言うじゃろ。信頼している人間を一番疑えと」

疑うことは、相手を守ること

疑うという行動は嫌なものです。疑われるのも嫌ですし、できれば疑いたくもありません。

でも、疑うことは自分を守ることでもあり、相手を守ることでもあります。疑うという行為で大きな悲劇が防げるからです。

たとえば、部下にある仕事を任せていた。まったく報告がない中、きっとうまく進んでいるのだろう、と思っていると、突然トラブルが発生し大失敗してしまった。

「どうして失敗したんだ」とか、「なぜ前もって知らせてくれなかったのか」と残念に思うことでしょう。

しかしこれは、任せられた側より、むしろ任せた側の疑う力がなかったせいではないでしょうか。

信頼するという行為はたしかに大事です。しかし、「信頼しているから大丈夫」と考えるのは間違いです。信頼という言葉で、事実が見えなくなるのは危険なことです。

以前の仕事で、不正が発生したお店がありました。そのお店の店長は従業員を本当に愛してたのでしょう。従業員に対して、至れり尽くせりの待遇でした。しかしそんなお店で不正が起きたのです。しかもひとりではなく、複数の従業員が退職となりました。なぜこのようなことが起きたのでしょう。それは信頼という言葉で、本当の事実が見えていなかったからです。この事実を見るためには疑うという行為も必要なのです。疑うという行為は、ときには相手を守ることになります。誰しも魔が差すことがありますし、緩い環境で気も緩むものです。

相手を守るためにも、ときにはつらくても、疑いの視点は閉じずに事実を見るようにしたいものです。

26「前提条件」を見抜く

桃谷旅館物語㉖

次の日から藍川は姿を見せなくなった。

ただの裏切者として自分の頭の中で処理しようと考えていたが、何度考えても、愛くるしい藍川の笑顔が頭に浮かんでくる。

失恋……いや、もっとも恋愛もしたことはないのでわからないが、きっと失恋とはこのような気持ちなんだろう。

そんなおれの気持ちをあざ笑うかのように、時間は進んでいく。

建て替えをする場合の問題点は山積みだ。

一番の問題は、資金だ。

間もなく紅林がやってくる。おれは今回の藍川の件をあえて問い詰めないことにした。

なんとかいい条件で資金を調達したいからだ。

桃谷旅館の鶴の間で、紅林との交渉が始まった。

紅林は早急に提携を結びたがっている。理由はやはり、藍川が言ったように、資金繰りが回っていないのだろう。そこでおれは、あえてのらりくらりと時間を延ばした。とうとう紅林が切れだした。そのタイミングでおれは突きつけた。

「桃谷旅館はほかにも資金提供の話があるので、急いではいない。3か月くらい協議を続けてもいいと考えている」

紅林の顔が真っ赤になる。横にいる番頭役の男が耳打ちをする。

紅林は大きなため息をついて、声のトーンを落とした。

「わかった。負けだ。どうすればうちと業務提携をしてくれるんだ」

おれの勝ちだ。でも……どう条件付ければいいんだ？　おれは爺を見つめた。

爺が手招きをしている。

「爺。どうしたらいい」

「若旦那、あんたは見えておらん」

「え？　何を」

「前提条件がじゃよ」

前提条件を見つめる

当社は東京の事務所を移転しました。

初めて東京に進出したときは広かった事務所も、２年ほどで狭くなり、移転をしなければならなくなりました。ある意味嬉しいことなのですが、移転先を見つけるのは３か月ほどかかりました。延べ20件以上の物件を見て回り、見れば見るほど悩みます。

駅からのアクセスや、築年数、外観……でも、ある条件を考えたときに、一気に絞ることができました。

それは「前提条件」です。

前提条件とは、ある物事や約束などが成り立つ前置きの条件です。

たとえば、先ほどの引っ越しの例でいえば、研修室を設けるので、柱が少ない物件という前提条件があります。あと、従業員が通勤できる範囲であるという条件。なにしろ、家賃がいくらまでなら支払えるという経済的な前提条件もあります。

これらを当てはめるとあっという間に物件を絞ることができました。

ある編集者の方は、和食料理店に行き、座敷の間に上がろうと靴を脱いだそうです。ここまではいいのですが、お店の方から「どうぞそのままでお上がりください」と言われ、脱ぎかけた靴をまた履いて座敷に上がったとのこと。おそらくお店の方は、「靴はこちらで直すので、そのまま置いておいてください」という意味で言ったのだと思いますが、彼はその言葉をそのまま受け取り、土足で座敷に上がってしまったのです。

これは前提条件を押さえていないがゆえに起きたことです。

座敷では靴を脱いで上がる、という前提条件が頭にあれば、「ああ、靴を直すことを言っているんだな」と察することができますし、質問をするという行動をとることもできるかもしれません。

物事にはすべて前提があります。 給料は成果に対する報酬であるという前提もあれば、私たちは幸せになるために生きているという壮大な前提条件もあるわけです。

前提条件を振り返るという視点があるかないかで、今まで見えなかった物事の前置きが見えるのではないでしょうか。

27 「全体の中の位置づけ」を見抜く

桃谷旅館物語㉗

そうか、この交渉の前提か……。

まず譲れないのは「暖簾」だな。「桃谷旅館」は継続する。

ということは、経営統合はしない。

おれは決断した。紅林にもその決断を伝えた。紅林は血の気が引いたような表情だった。


午前3時。

けたたましい非常ベルが鳴った。何やら煙たい。

「若旦那、大変です。火事です」

「何！」

おれは火元を確認するために２階から１階に下りた。多くの宿泊客がぞろぞろと避難する。

建物の東から煙が出ている。

「お客さまの避難を急げ！」

おれは火元に走った。

すでに火事は消火され、煙がもくもくと出ているだけだった。

「若旦那、ボヤで済みましたね」

爺が煤だらけの顔でおれに言った。おれはそばで押さえつけられている男を見つけた。

「紅林」

爺が紅林を見下ろしながら言った。

「やはり、火付けの血を継いでいるんですな」

紅林は警察に連行され、放火の容疑で逮捕された。

きっとどうしようもなくなったのだろう。

紅林のあっけない最後だった。

それから数日後、紅林館は営業を停止した。

「若旦那、やりましたな」

板長はおれの肩を叩き、喜んでいた。

でも、おれは危機感を持っていた。この虹色温泉には、もう桃谷旅館しか存在しない。その事実を独占できると喜ぶ考えもあるのだが、一方では、虹色温泉の衰退になりかねない。

この温泉街は「共同体」なのだ。

「紅林館を支援しようと思う」

おれは従業員を前に、自分の考えを伝えた。

「若旦那、それは違うんじゃないですか？　紅林はうちのライバル。あそこさえなければ、うちの天下じゃないですかい」

板長は言う。

他の従業員もうなずく。

でもおれは知っている。日本中には温泉が多くあり、この温泉街よりもはるかに魅力のある場所もたくさんある。

「おれたちは紅林と戦っているんじゃない。世の中の温泉……いや、世の中の観光施設すべてと戦っているんだ。世の中から見れば、この温泉街なんて廃れかけた温泉でしかない」

おれの話にうなずく者、首をかしげる者、うなる者。従業員の反応はさまざまだ。

どうしてわかってくれないのか。


おれは従業員と話し合った後、爺のところに行った。

「若旦那、それはみんなに見えていないだけじゃよ」

「何が」

「全体の中の立ち位置じゃよ。じゃが、これはトップにしか見えないからのう、無理はないのじゃが」

周りではトップだが全体ではアベレージ

「発達最近接」という言葉があることを、友人から教えてもらいました。

これは、自分より能力が高い人を見つけて目標にすると、能力などの発達がしやすいという現象のことをいいます。

逆にいえば、ある集団でトップだと思っている方は、もう目指すべき上がいないので、それ以上伸びにくいということでもあります。

この考え方は、ある限定された範囲を見ていると、知らない間に能力が下がったり、取り残されてしまったりする危険性を伝えています。

「全体から見た自分」を少し考えてみる必要があるのです。

私は、インバスケットというジャンルでは第一人者と呼んでいただけるのですが、それはあくまでも狭いジャンルの中での話です。もっと範囲を広げると、教育だけでもさまざまなジャンルがあり、全体から見ると、何が強くてライバルは何かを知らないと、独りよがりの強さや勘違いをしてしまうのです。

また、全体の中で自分がどのような位置にいるのかが見えないと、自分の進むべき方向を見失ってしまうかもしれないのです。

それでは、どのように全体を捉えればいいのでしょうか。

「軸」で考えるのです。たとえば、語学力という軸で捉えたときに、全体の中でどの位置にいるのか。

さらにもうひとつ軸を加えるとわかりやすいでしょう。専門性という軸で捉えた場合に、自分の位置がわかりやすくなります。

今見える範囲だけではなく、全体を意識すると、自らの立ち位置が見えてくるのです。

狭い範囲での自分の立ち位置ではなく、全体の中で自分はどこに位置するのかを知る視点を持つことで、本当の自分の立ち位置やこれから進む方向が見えてくるのではないでしょうか。

28 「自分だけのレール」を見抜く

桃谷旅館物語㉘

爺はおれの考えに賛同してくれた。

「若旦那の独断専行でいいじゃろ。今の若旦那なら、みんなもついてきてくれるだろう」

でも、この判断が本当に正しいのか？　自分自身の判断にどうしても自信が持てない。

そこで、おれは父に相談をしようと考え、病室に向かった。

窓から差す陽のせいか、父は普段より明るく白く見えた。点滴の管がつながれたまま、上半身だけ起こして、おれを近くに座らせた。

おれは事情を話した。

「そうか……紅林も潰れたか……」

父は寂しそうにつぶやいた。

「で、どうしたらいいと思う？」

おれは父の言葉に耳を傾けた。

「そこからはお前が決めることだよ」

「そんな……せめて、ヒントだけでも教えてよ。どうすれば」

「進む道にヒントもなければ、レールもない。自分で考えるしかない」

おれは父の突き放すような話し方に怒りを覚えた。

「話が違うじゃないか。おれが父さんの跡を継いだのは、これまで通りやればいいからでしょ。なのに、これだけいろんなことが起きて、あとはお前が決めろっておかしいよ」

父親は表情を険しくして言った。

「お前は自分自身で道を見つけなければならない」

「そんなの無理だよ」

「いや、できる。お前は大学を卒業して、自分で道を見つけたじゃないか」

「は？　まだ遊園地のこと……」

「ああ、だから、これから進む道も見えるはずだ」

フォーマットは自分で決めるもの

フォーマットって便利だと言われる方が多いのですが、私はフォーマットが大嫌いです。パワーポイントでスライドを作るとき、すでにきれいなフォーマットが用意されています。それに文字を打ち込めばそれなりになるのですが、私は使ったことがありません。天邪鬼《あまのじゃく》と言われればそれまでですが、どうも人に何かを決められるのが嫌いなようです。振り返ると、高校も勝手に探して決めましたし、大学も、就職も、そして独立も自分自身で決めてきました。

ここまで来ると、天邪鬼を通り越していると言われそうですが、ひとつ確信を持ってお勧めできることがあります。**自分の道を自分が作って歩むと、後悔をしないということです。**

ときには他人の意見や助言を聞いてもいいでしょう。他人が開いた道を利用して進むのもいいでしょう。ただし、決められた道をただ歩むというのは、振り返ったときに後悔してしまうと私は考えます。

あなた自身の進む道が見えるのは、あなただけです。決して他人からは見えません。もし見えるとすれば、自分の道が見えない人に用意された道しかありません。

みんなが同じ方向に行くからとそちらに向かうのではなく、自分自身がどのようなゴールを迎えたいのかを考えるだけで、あなた自身が進む道が見えてきます。

ただし、はっきりと見えるかといえば、見えないことのほうが多いでしょう。

私自身も、自分がどのような道を進むのかははっきり見えません。自分の進む道はぼんやりとしか見えないものです。そのぼんやりがあるから進むのが楽しくなると思うのです。

自分の道を見つける視点を忘れないでほしいのです。目の前に用意された道だけが道ではないでしょう。学歴がとか、年齢がとか言わずに、しっかりと目を開けて見つめてみれば、うっすらとでも自分の進む道が見つかるものです。

29 「正の部分」を見つける

桃谷旅館物語㉙

無言の時間が流れた。

「お前にはもうすでに進む道が見えているだろ。それを進めばいい」

父はそうおれに言って、ベッドに横になった。

「まだまだ進める時間が残っているからいいな。わしには進む道すら選べん」

弱々しく言う父の声におれは何も言えなかった。


おれは銀行からの支援を取り付け、紅林館の営業を再開した。

従業員のビラ配りから、全国放送のテレビや雑誌も取材に来て、「廃業寸前の温泉町の復活」と取り上げてくれたおかげで、客足が伸びだした。これですべては順調にいくと思われたが……。


それから3カ月後、おれは従業員を集めて叱っていた。

「どうして、こんなクレームが起きるんだ！」

ちらほらと増え始めたクレームに対するいらだちが、おれに大声を上げさせたのだ。

それもほとんどが単純ミスだ。予約の取り間違い、アレルギーを聞いておきながらその食材を出してしまう。接客ミス……。

それにしても、なぜ言ったことができないのか。どうして自分からもう一歩先に動かないのか。おれのフラストレーションは爆発寸前だった。


しかし、爆発寸前だったのはおれだけじゃなかったようだ。

白神から話があると言われた。

「若旦那、今月、桃谷で2名の客室係、紅林で3名が辞めました」

「じゃ、すぐに補充しなきゃな。まったく、どうして根性のない奴が増えたのか」

「若旦那、みんな頑張っております。どうしてそれを認めていただけないのですか？」

「頑張っている？　おれはもっと頑張っているよ。逆にどうしてそれを認めてくれないのか、首をかしげるよ」

「若旦那……以前はよく見えていた部分が、今は見えないのですね」

「は？」

「若旦那に見えているのは負の部分だけです」

正と負の両面を見る

私の研修講師としての仕事は、受講生の「できない」ところを「できる」ようにすることです。

しかし、できていない部分を指摘すればできるようになるかといえば、それは違います。**その逆なのです。できている部分を伝えることで、できない部分ができるようになるのです。**

たとえば、研修の中で発表された内容を講師としてフィードバックする場面です。

A班は「判断力が発揮できている」と褒めます。すると、それ以外のグループで判断力が発揮できていないグループは「できていない」と気づくのです。

つまり、フィードバックは褒めることが多いのです。「正」の部分だけを取り上げていくことが大事なのです。

仮にここで「できていないところ」を指摘していくと、受講生は心を閉ざすばかりか、モチベーションも下がりますし、受講をしたくなくなる方も出てきます。

一方で、ベタ褒めもよくありません。調子に乗るからです。

自分たちはできているんだ、と思ってしまうことで、それ以上の向上心も出てきませんし、勘違いされてしまいます。

ですから私は「２つほめて１つ指摘する」というバランスを心がけています。これが自分のスタイルと合っているのです。

これは部下の指導と同じです。できない部下は存在しません。できない部分しか見えていない、部下を使うことのできない上司がいるだけです。

ダメなところだけではなく、よいところも見る視点を持ってほしいのです。

そうするとあなた自身も楽になり、相手も喜び、信頼関係も生まれてくるのです。

30 「捨てるもの」を見抜く

桃谷旅館物語㉚

白神から忠告されて、はっと我に返った。

たしかにそうだ。これだけ叱られると、失敗することさえ怖くなる。

そんなときに、紅林館に異動した緑川が報告に来た。

「すみません、若旦那。お客さまからパンフレットに出ていた料理と実際の料理が違うと叱られました。伝達ミスのようです。申し訳ありません」

おれは頭がかっとなったが、深く息を吸い、そして吐いた。

「わかった。迅速な報告ありがとう。二度と起きないように考えてみてくれ」

「え……わ、わかりました。ありがとうございます」

緑川は意外そうな表情で、そしてやる気をみなぎらせて板場に帰っていた。

桃谷と紅林は、コンセプトこそ別だが、オペレーションで統合できるところは統合し、より効率的にしようと考えている。そのための現場レベルでチームを作り、討議を進めさせた。

たとえば板場は、食材の仕入れを一本化することで安く仕入れができるだろうし、今まで人任せになっていた食材の盛り付けなども統一の方法を作るように指示した。

おれはその板場の統合チームの会合に顔を出した。

そこで現実を見た。

「いや、その調理法は今までと違うからできない」

「その機械を入れると、今まで使っていた機械が使えないからできない」

ほとんど前に進まない。最後には「今までのやり方でいいんじゃないか」という意見が大勢を占めてきた。

「若旦那のお考えを聞きたい。今のままでいいか、どうか」

紅林の板長、山吹がおれに質問してきた。

「え……あ。……まあ、昔のいいところは残しつつ、前向きに変える方向で、進めてもらえれば……」

そうおれが言葉を濁していると……。

「若旦那、もっと見つけるべきものがあるんじゃないですかい」

桃谷の板長の黒川がおれに言った。

「見つけるべきもの？」

「ええ、改革する気なら、捨てるべきものを見つけねえと」

捨てるべきもの

「捨てる」という判断は、判断の中で一番難しいものです。

私の研修の中で、多くの案件から優先順位の高い案件を選び出すワークと、多くの案件からやらない案件を選び出すワークを、両方したことがあります。

どちらのワークが難しいかと受講生に聞いたとき、圧倒的に難しいと答えたのは「やらない案件」を選び出すワークでした。


実際にあなたが買い物で何を買うかを考えるよりも、今家にあるものの中から何を捨てるかを考えるほうが難しいのではないでしょうか。

しかし捨てないと、やりたいことができなくなり、ひいては身動きができないことになります。

「何をやるのか」と同時に「何をやめるのか」という視点を持つことができないと、結局抱えすぎてしまったり、本当に判断しなければならないものが見えてこなくなったりします。

捨てるという視点はかなり高度な視点ですが、これができる人だけが、新しいものを手に入れることができるのです。

31 「本当の目標」を見つける

桃谷旅館物語㉛

「今までの概念を捨て去る」

おれはさまざまなチームから上がってくる案件に対して「捨てることを決める」係として臨んだ。

その結果、かなりの仕組みを変えることができた。細かな衝突やトラブルはあるものの、仕組みは大きく変わった。

たとえば板場は、黒川が両方の総板長として指揮を執り、両方の旅館の人員を宿泊客数によって変えたり、同じ調理具を1カ所に集めるなどの大幅な改装を行った。

最初はにらみ合っていた両方の従業員も、徐々に交流が始まり、一緒に食事をしている風景も見られるようになってきた。桃谷と紅林の従業員が一緒に働くということは、おそらく両家の先祖が見たら驚きだろう。おれはそれを成し遂げた達成感を持っていた。おれはやったのだ。

「若旦那、最近顔色がいいのう」

「爺か。ああ、ようやくここまで来たなあ。爺にもいろいろ迷惑をかけたね」

おれはこの成功を自分自身の力で成し遂げたなんて思っていない。みんなの力があって初めて成功したのだ。

「若旦那、あんたは本当に支配人らしくなられた。でもまだ勘違いをしておるのう」

爺の鋭く低い声はおれの頭を貫いた。

「え……勘違い……？」

「そうじゃ、若旦那はまた見失っておられる」

「何を？」

「本当の目標じゃよ」

何のために仕事をしているのか？

私はインバスケットを通じて仕事の本学をお伝えしています。

学問には2つの種類があります。

「本学」と「末学」です。

まず末学とは、手段を学ぶことです。

辞書を引くと、「重要ではない枝葉の学問」などと出てきます。

ただ私は、手段を学ぶことも大事だと考えています。

たとえば、部下への叱り方、これもいくつか手法があり、それを使いこなすことが大事だからです。だから末学といっても馬鹿にはできません。


次に本学です。

これは人が幸せに生きていくために必要な能力や人格を学ぶことと私が解釈しています。

たとえば人格や人柄、目標を作ったり、そしてそれを達成する意味などを学ぶことです。

先ほどの「叱る」ということが末学であれば、「なぜ叱るのか」を学ぶのが本学です。

末学だけを知っていると「叱る」という行動が目的となります。

「私は部下を指導した」と胸を張って言い切る上司を見ると、指導することが目的ではなく、部下が自発的に行動を改善することが本当の目的であることを忘れているような気がするのです。

まさに「本末転倒」です。

短期の目標を達成する、そして喜ぶ。これは素晴らしいことです。

しかし、短期の目標を達成することが本当の目的でしょうか。

それは違います。

人はそれぞれミッションを持ち、それを達成するために生きています。

仕事も、毎月の給料をもらえるから働いている方は少ないでしょう。

何か目的があり働いているのです。その何が目的かという視点を持つことで、本当の目的が再発見できるのです。

その視点があれば、少しわき道にそれても、軌道を修正することができるのです。

32 「時間は有限であること」を見つける

桃谷旅館物語㉜

白神が青ざめた顔でおれのもとに走ってきた。

「若旦那、お父上が……」

父の様態が急変したと知らせを受け、おれはすぐに病院へ向かった。病室に駆け込むと、上半身を起こした父親が外を眺めていた。一時は危篤寸前まで悪化したのだが、驚異の生命力で、話すことができるまでに持ち直したようだ。

「心配したよ」

「ああ……それは悪かったな。ところで旅館は順調なのか？」

父はいつものように眉間にしわを寄せながら聞いた。

おれは今の状況を話した。

「そうか……そこにぶつかったのか」

「え？　わかっていたの？」

「ああ、わしも同じようにぶつかったからな。でもそうか、そこまで来たか」

「父さんはそのとき、どう考えた？」

父は遠くの記憶を蘇らせるかのように、少し考えて言った。

「わしも父から同じことを聞いたな。結局、父のできなかったことを引き継いだ、っていうのが正解だ」

「おじいちゃんから引き継いだってこと……」

「うむ、うちの温泉はそもそも、修行僧がその道中、癒しに立ち寄ったのが始まりだ。当時、ここまでたどり着くのも命がけだったという。その修行僧をどのようにもてなすか、そして、癒すかと歴代の旅館主は考えた」

「うん」

「時代が変わり、修行僧が来なくなっても、この虹色温泉には、多くの疲れを抱えた人、癒しを求める人が来るようになり、方向は違っても、それぞれの旅館主は『究極の癒し』を求めて切磋琢磨した」

「でも旅館はどんどん少なくなった」

「ああ、時代の流れと嘆いた旅館主もいるが、わしの父はひとりでも癒しを求めてくる客人がいれば、究極の癒しを与えるべく、力を尽くす。これこそが、わしが父から引き継いだ遺志だ」

「『究極の癒し』って結局、何？」

「その答えはわしらにはわからん。客人だけが知っておる」

おれはそのときに、自分たちの役割がわかった。

自分たちは来てくれた客人に最高のおもてなしをすること、これが自分たちのミッションであることを。


「ところで……大輔。頼みがある」

父がおれに言った。

「なんだよ。頼みなんて」

「これをこの人に渡してほしい」

おれは父から受け取った白い封筒のあて名を見てビクンとした。

「藍川ひとみって……どうして？」

なぜ、父が藍川に……。何を伝えるのか知りたかった。

「何も言わずに直接渡してくれないか」

父の思いつめた一言におれはその理由を聞けなかった。また、藍川がスパイだったことも言えなかった。

「わかった。渡しておく」

「ああ。頼んだぞ。急いでくれ」

そう言って父はベッドを横に倒した。


おれはもう一度従業員を集めて、方針を伝えた。

「日本で一番の癒しが得られる温泉街にする」

またもや従業員の反応は冷めたものだった。しかし、おれは父から聞いた修行僧の話をそのまま彼らに伝えた。

「だから、私は父の意思を引き継いで、究極の癒しというものをみんなと一緒に考えたい」

その言葉を言い終わったとき、雰囲気が一変した。全員がおれの目を見ていたのだ。

父の思いを形にしたい。この言葉は響いたのか、白神と黒川も「一緒に手伝わせてください」と言ってくれた。

よし。父が元気になったら、父に究極の癒しを味わってもらえるように頑張ろう。

しかし、その考えは現実にはならなかった。

父が他界したと連絡があったのは、その日の夜11時だった。

昨日まで話していた父は、あっという間に木の箱に入り、祭壇に横たわった。

おれは父にしてあげれなかったこと、そして、かけがえのない親がいなくなった悲しみで、涙があふれて止まらなかった。

父の葬儀は桃谷旅館で執り行われた。

父の人柄か、お世話になったという方が入れ代わり立ち代わり来た。

粛々とセレモニーは終わり、父はおれの前から消えてしまった。


それから2週間、おれはほとんど仕事に手をつけることができなかった。

すべての重責が自分にのしかかり、一度つけた自信はどこかに吹き飛んだ。

そんな中、父の遺品を整理しているときに、ある写真が出てきた。

父が20代の頃だろうか。この温泉街の旅館主と撮った写真だった。

男性が6名、女性が1名。街の中心街である湯元のくみ上げ場所を背景に撮られた写真だ。

みんな笑っている。この温泉の行く末を熱く語り合っている声が聞こえてきそうだ。

「あれ……？」

画質の悪い写真に写っている女性。あまりにも藍川に似ている。目を凝らして女性の着ている法被に書かれた旅館名を見る。

旅館、藍。

「まさか……藍川ちゃんが、この旅館の娘」

藍川の顔が浮かんだと同時に、父から預かった手紙を思い出した。この一連の騒動ですっかり忘れていたのだ。


おれは藍川の行方を捜した。

藍川が隣の県の温泉のホテルで客室係として働いているのを知り、おれは会いにいった。

約1年ぶりに会う藍川は、あの頃とまったく変わらないが、少し悲しげな表情を浮かべておれの前に現れた。

「久しぶり」

おれが声をかけると、藍川は何も言わずに深く頭を下げた。

「これ、父が君に」

藍川はおれから無言でそっと、手紙を受け取り、そしてその場で封を切った。

藍川は読むうちに、一筋、また一筋と、大きな瞳からきらっとしたものを流した。

周りの通行人が、何事かとこちらをチラ見する。

「ありがとうございました。お父さまにおっしゃってください。もういいんです、と」

おれは戸惑った。藍川は父が他界したのを知らなかったのか……。

「藍川さん、実は、父は1カ月前に……」

藍川は目を見開き、そしてそこに崩れるようにうずくまった。

手紙を握りしめながら「ごめんなさい」と何度も謝り、嗚咽と変わった。


藍川は、虹色温泉の老舗旅館の「藍」の長女だった。しかし、おれが5歳のころ、出火して全焼、主人の藍川は客を助けようと火の中に入り焼死。母親はその後、旅館を建て直して経営したものの、火事で人が死んだことからイメージダウンし、廃業せざるをえなかった。

当時は旅館同士の競争が激しく、噂では、別の旅館が藍川の旅館に火をつけたとされ、とくに桃谷旅館、つまり父が火をつけたのでは、と噂が流れたのだ。

しかし、おれは知っている、廃業で多額の借金を背負った藍川の母親に別の旅館を勤め先として紹介したり、借金の一部を肩代わりしていたことを。

しかし、藍川の母親はそのような行動も、父が罪滅ぼしでやっていることだと思ったのだろう。

父に早く藍川を会わせるべきだった。

そうすれば藍川も、父も、そして自分も楽になれたのに。

どうしてすぐに、手紙を藍川に渡さなかったのか。

父がずっと元気で生きていて、いつでも渡せると思っていたからかもしれない。

おれは父が最期に言った「急いでな」という言葉を思い出した。

おれが見えなかったものを伝えたかったのかもしれない。


おれが見えなかったもの、それは時間だ。今の状態がいつまでも続くと、おれを含めて人は誰しも思っている。

明日は当たり前のように来るし、来年もやってくる。

しかし、残念ながらゴールは決まっている。つまり、時間は有限なのだ。

それがおれには見えていなかったのだ。

70万時間

70万時間とは、人が生まれてから死ぬまでの平均の時間です。

しかし、これはあくまで平均のお話で、私たちの終わりはいつ来るかわかりません。時間を有限に捉えてほしいのです。

たとえば、私の研修時間のスタンダードは7時間です。

1時間単位の計画を組んで進めていますが、なぜか最近、時間がオーバー気味になるのです。

原因を探ると、どうも午前中に余計な話を入れているようです。だから、少しずつ時間が押して、夕方の研修は速足で進め、帳尻を合わせなければなりません。

このとき痛感します。午前中の5分はそれほど重要に感じないのですが、終わる30分前の5分はすごく大事に思えるのです。それこそ、10秒でももったいない、そう感じるのです。

しかし、午前中の5分も、午後の5分も同じ時間です。それなのになぜ、捉え方が異なるのか。それは、午前中にはまだ「いくらでも時間がある」という過信があるからです。

「まだまだ時間はある」と思ったり、下手をすると、時間が無限にあるような錯覚に陥っている場合もあります。

しかし言うまでもなく、時間は無限ではありません。砂時計のように刻々と砂は少なくなっているのを意識すると、逆算したり、大事なことに優先順位を付けるなど今まで見えなかったものが見えてくるのではないでしょうか。

エピローグ

おれは藍川に尋ねた。

「これからどうするの？」

落ち着きを取り戻した藍川はしばらく考えて言った。

「しばらく働きます。そしていつか、父や母がやっていた旅館を再開します」
「旅館『藍』があった場所にかい？」
「ええ、いつになるかわかりませんけど、母に約束したので」

おれは思い切って伝えた。

「うちでもう一度働いてくれないか？　お父さんやお母さんが成し遂げれなかったこと、

うちの父が成し遂げなかったことを一緒に成し遂げよう」

「え……」

藍川は下を向いた。

「でも私は裏切者です。とても……」

「君が悪かったんじゃない。そうさせたおれが悪かった。だからもう一度、一緒にやり直そう」

藍川はしばらく考えて、以前の微笑みでうなずいてくれた。

＊

それから5年後……。

虹色温泉にもう1軒宿ができた。言うまでもなく「藍」だ。

藍は、当時の写真をもとに再現した。宿泊した客は口を揃えて言う。「まるで50年前に戻ったようだ」と。

藍の女将はもちろん藍川。板長には緑川がついた。もちろん、黒川の目が光りながらであるが……。

旅館桃谷も建て直しが終了した。

桃谷と紅林、そして藍。3つの建物は昔の情緒を残しながらも、どこかオリエンタルな雰囲気を漂わせている。3旅館の真ん中には、昔、父たちが写真を撮った元湯のくみ上げ井戸をリニューアルした。

近くには数店舗ではあるが、お土産物屋、射的の店などがオープンした。今年はここで盆踊り大会も予定されている。

「若旦那、間もなく団体さまがお着きになりやす」

爺がおれに声をかける。爺は今年で引退させてほしいと懇願するが、おれはもう少しいてほしいと考えている。

お迎えするために玄関の外に立つ。エンジン音とともに3台の黄色い大型バスが電車のように連なってやってきた。

従業員が駐車場に誘導し、ぞろぞろと団体客が降りてくる。降りた瞬間に写真を撮る方も少なくない。

「いらっしゃいませ」

従業員が並んでお出迎えをする。

「あら、あなた……」

おれも思わず声をあげてしまった。

「須田さま！……またお越しいただきありがとうございます」

「まだいたのね。……え？　あなたが支配人なの」

須田さまは以前、ダイエット中にもかかわらず、おれが夜食を持っていって怒らせてしまったお客さまだ。

「はい、支配人をさせていただいております」

「なんだか、立派になったわね。ふーん。人って変わるのね」

「ええ、あれから勉強させていただき、いろいろなものが見えるようになりました」

「そうなの、じゃあ、今回は少し期待しちゃおうかな」

「はい、究極のおもてなしをさせていただきます」


昨年、癒しの温泉コンテストとやらで1位になってから、半年先まで3館とも予約はいっぱいだ。

うれしい悲鳴を上げているが、うちのせいで道の渋滞が発生したり、他の旅館からスパイのような客が増えたりと、問題は山積みだ。

しかし、おれにははっきりと見える。

この先、もっと多くの方が、この虹色温泉に癒しを求めてお越しになる風景が。

「おい、それは勝手に触るな」

「ひゃいっ、申し訳ありません」

声のしたほうに目をやると、新人社員の灰川がお客さまの荷物を勝手に触って叱られている。

「このバッグにはおれの大事なものが入っているんだ、気安く触るんじゃない」

おれは駆け寄り、丁重にお詫びをした。

「すみません。気を利かせたつもりなのですが」

しゅん、となった灰川が頭を下げる。

「すべてのお客さまが荷物を運んでほしいわけじゃない。それは見えてない証拠だ」

「見えていない？　何をですか」

「お客さまの望んでいることさ」

やれやれ、いろんなものの見方を彼に教えなければならなさそうだ。

第2章

視点の「スイッチ」を切り替える

同時にいくつもの景色は見えない

「視点」は瞬時に切り替える

私たちの目は非常によくできています。

夜も星がきれいに見えますし、遠くの景色も見えます。時には幻なんてものも見えたりします。しかしカーナビのように、同時にいくつもの画面が見られるようには作られていません。

頭の中で切り替えの指示をしないと、視点は変わらないようになっています。

言い換えれば、今見ている視点は意識して変えないと、同じ景色しか見えないのです。

先日、ある焼き鳥屋さんに入りました。

ほぼ満席で、予約がないお客さまは残念そうに帰っていきました。

「よく繁盛しているなあ」という視点で見ていましたが、すぐに「いくらくらい儲かっているのだろう？」という視点に切り替わりました。

ひとり当たりの会計額と、座席数、回転率などを頭で計算しました。

これは「経営者の視点」なのでしょう。

でも、そんなことばかり気にしていると、目の前で一緒に食事している人に悪いので、ほどほどにして「相手を楽しませる視点」に移ります。

このように、視点を瞬時に変えることにより、私たちはさまざまな変化の中を、より快適に生活しているのです。

今回本書でお伝えした視点すべてを身につけてほしいなんて理想論は述べません。しかし、今までになかった視点を手に入れたのであれば、実際にその視点に切り替えてみてほしいのです。そうすることでさまざまな行動につながり、同じ時間で同じ力でより楽しめますし、アウトプットも変わってくるはずです。

「視点」から「仮説」につなげる

複数のプロセスを連動させる

「視点」は、インバスケットで問題解決をする最初のステップです。最初のステップだからこそ、視点は重要と申し上げてきたのですが、違う見方をするだけでは何も変わりません。そこから行動に変える必要があるのです。

今回本書で述べたものは「問題発見」というプロセスになります。

続いて意識したいのは「仮説」です。

見えたものから推測を立てて、裏付けをとっていく行動です。

先日電車に乗ろうとすると、ちょうど開いた扉から車いすの女性が現れました。「きっと降りるのだろう」と推測を立てて、「何かお手伝いできますか」と声をかけました。すると、「大丈夫です、次の駅で降りるので」とお答えになりました。

これは「助けてあげないと困るだろう」という視点、そして「どのように助ければいいのだろう」と仮説を立てて、「実際に質問する」という情報収集の行動をとったということです。

あのまま、何も言わずに車いすを押して電車から降ろそうとするとトラブルになっていたかもしれないので、この「仮説」と「情報収集」は重要です。

情報を集めて「降ろさなければならない」とわかった場合は、どうやって降ろすのかという「対策立案」に進みます。駅員さんに応援をお願いする、周りの乗客に助けを求めるなどの複数のアイデアを出すのです。

そのあとは、調整というプロセスです。報告・連絡・相談などがそれにあたります。女性を電車から降ろしたあとも助けが必要かもしれません。その場合に駅員さんに連絡をするなどの行動です。

そこまで考えて「最終的な判断」を下します。職場の場合は、誰に何をさせるかはそのあとの工程です。

このように、いくつかのプロセスがうまく連動して、結果が変わるのです。

視点を手に入れたあなたには、ぜひ次のプロセスを意識して行動をしてほしいと願います。

「利他」の視点を持つ

自分以外の「誰か」を意識する

最後にある視点のお話をしたいと思います。

私も以前、自分さえ儲かればいいと考えていた時期があります。それは、自分自身がオークションでサイドビジネスを始めた頃のことです。

少しでも安く仕入れて、少しでも高く売る。このような考えです。

でもこの商売はうまくいきませんでした。

「自分だけよければいい」という考え方では生きていけないからです。

「自部署だけがよければいい」とか「自社だけが生き残ればいい」といった視点ではなく、周りも幸せになってほしいという視点は持っておきたいものです。

オークションでも「困っている方を助けたい」という、ほかの方の利益を大事に思う視点があれば、自分がやっていることも意味づけでき、モチベーションも上がります。誰かに必要とされるということは、本当に素敵なものです。

しかしビジネスをしていると、利己の視点が中心となってしまいます。もちろん、この視点をなくせなんて言いません。ただ、この視点ばかりで物事を見ていると、心もすさむような気持ちになりますし、相手のことを考えることもなくなるでしょう。

先日お話しした方が素敵なことを言っていました。

「ギブ&テイクなんてありえない」

「どうしてですか」

「まず与える、これが基本だからです」

この話を聞いたときに衝撃が走りました。

与えることで見返りを求めている自分に気がついたからです。

利他の視点は、私自身もまだまだできていません。つい、自分のことを考えてしまう。これはおそらくずっと利己の視点として残るでしょう。ですからどれだけ利他の視点の比率を上げることができるのか。それを目指したいものです。

多くの視点を身につけ、さまざまなシーンが見えるようになったあなたに、この利他の視点を持ってほしいと強く願っています。

おわりに

今まで見えなかった世界が広がる

いかがだったでしょうか。

私たちの目の前に見える世界以外にも、視点を変えることでさまざまな世界が見え、そしてそこから今までとっていなかった選択肢や行動も多くあることがおわかりいただけたのではないでしょうか。

私は幸いにも、常に多くの優秀な方と研修をしているおかげで、毎日のように、いろいろな視点があることに気づき、常に勉強させていただいています。

逆に受講生の方も、今までになかった視点を見つけて帰っていきます。

今まで見えなかった視点を見つけられた受講生は、一気に人が変わったかのように行動や発言が変わります。

でも不思議ですね。劇的に変わっているのに、本人は気づかれていないことが多いようです。

人は他人のことはよく見えるのですが、自分自身のことはあまり見えないものなのですね。

今までご紹介した視点はすべて、あなた自身につながってきます。

どのような見方をしたかで、その人の人生が大きく変わってくるのです。

これからあなたは、さまざまな出来事に遭遇するでしょう。

どのようなつらいことでも、有頂天な時でも、平常の時でも、常に自身をしっかりとみつめて、自分を見失うことのないようにしたいものです。

最後になりますが、あなたはさまざまな視点を見つけました。

あとは、あなたがその目をしっかりと開き、真実を見つけてください。

そして見つけられたものに対して、行動をとりましょう。

目は見るためだけにあるのではなく、行動するためにある器官です。

見えたものが変わったのであれば、必ず行動は変わり、そして、結果も変わるはずです。

そして、見える世界が一定になったときに、本書を再び見返していただければ、著者として幸いです。

最後に、本書を執筆するにあたり、ご助力いただいた出版社の皆さまや関係者の皆さま、私が執筆できる環境を作ってくれた当社のスタッフにも感謝をお伝えしたいと思います。そして、最後まで本書をお読みいただきましたあなたにも、心から感謝と尊敬の意をもってお礼を申し上げます。

ありがとうございました。

著者

鳥原隆志（とりはら・たかし）

株式会社インバスケット研究所代表取締役。インバスケット・コンサルタント。

1972年生まれ。大手流通業にて精肉や家具、ワインなどさまざまな販売部門を経験し、スーパーバイザー（店舗指導員）として店舗指導や問題解決業務に従事する。昇進試験時にインバスケットに出会い、研究とトレーニングを開始する。その経験と問題解決スキルを活かし、株式会社インバスケット研究所を設立し、主に法人向けのインバスケット教材開発と導入サポートを行う。講演や研修及びテレビや雑誌でも活躍中。日本のインバスケット第一人者として、最近は国内だけではなく海外でも活動している。

著書は、『究極の判断力を身につけるインバスケット思考』『９％のトップエリートがやっている最強の「判断力」』（以上、小社刊）、『たった５秒思考を変えるだけで、仕事の９割はうまくいく』（KADOKAWA中経出版刊）、『一生使える「仕事の基本」』（大和出版刊）など多数。 累計50万部を超える。

●株式会社インバスケット研究所公式ホームページ
http://www.inbasket.co.jp/
●鳥原隆志公式ブログ
http://www.torihara-takashi.com/

複雑な仕事をシンプルに解決するための「洞察力」の磨き方
見えないものを見抜く仕事術

2017年1月27日　第1版第1刷発行

著　者　鳥原隆志
発行者　玉越直人
発行所　ＷＡＶＥ出版
〒102-0074 東京都千代田区九段南4-7-15
TEL 03-3261-3713　FAX 03-3261-3823
振替 00100-7-366376
E-mail：info@wave-publishers.co.jp
http://www.wave-publishers.co.jp
印刷・製本　大日本印刷

NDC336 190p 19cm
ISBN978-4-86621-039-1